essentials

essentials liefern aktuelles Wissen in konzentrierter Form. Die Essenz dessen, worauf es als „State-of-the-Art" in der gegenwärtigen Fachdiskussion oder in der Praxis ankommt. essentials informieren schnell, unkompliziert und verständlich

- als Einführung in ein aktuelles Thema aus Ihrem Fachgebiet
- als Einstieg in ein für Sie noch unbekanntes Themenfeld
- als Einblick, um zum Thema mitreden zu können

Die Bücher in elektronischer und gedruckter Form bringen das Expertenwissen von Springer-Fachautoren kompakt zur Darstellung. Sie sind besonders für die Nutzung als eBook auf Tablet-PCs, eBook-Readern und Smartphones geeignet. essentials: Wissensbausteine aus den Wirtschafts, Sozial- und Geisteswissenschaften, aus Technik und Naturwissenschaften sowie aus Medizin, Psychologie und Gesundheitsberufen. Von renommierten Autoren aller Springer-Verlagsmarken.

Weitere Bände in dieser Reihe http://www.springer.com/series/13088

Johannes Moskaliuk

Leistungsblockaden verstehen und verändern

Psychologisches Praxiswissen für Coaches und Führungskräfte

Johannes Moskaliuk
ich.raum GmbH
Neckartailfingen
Deutschland

ISSN 2197-6708   ISSN 2197-6716 (electronic)
essentials
ISBN 978-3-658-13404-4   ISBN 978-3-658-13405-1 (eBook)
DOI 10.1007/978-3-658-13405-1

Die Deutsche Nationalbibliothek verzeichnet diese Publikation in der Deutschen National-
bibliografie; detaillierte bibliografische Daten sind im Internet über http://dnb.d-nb.de abrufbar.

Gedruckt auf säurefreiem und chlorfrei gebleichtem Papier

Springer ist Teil von Springer Nature
Die eingetragene Gesellschaft ist Springer Fachmedien Wiesbaden GmbH

Was Sie in diesem essential finden können

In diesem essential werden Glaubenssätze als eine Ursache von Leistungsblockaden vorgestellt. Glaubenssätze sind Annahmen über die eigenen Fähigkeiten und die eigene Identität. Vorgestellt werden grundlegende psychologische Theorien, mit denen sich die Entwicklung des eigenen Selbstkonzeptes und förderliche bzw. hinderliche Glaubenssätze erklären lassen. Ziel ist es, einen fundierten Überblick über wichtiges Praxiswissen zu geben und daraus konkrete Coaching-Tools und Strategien für die Praxis abzuleiten. Zielgruppe des essentials sind Coaches und Berater, die mit Führungskräften arbeiten, sowie Personalverantwortliche und Führungskräfte, die eigene Glaubenssätze identifizieren und Leistungsblockaden von Mitarbeitenden wahrnehmen und verändern möchten, und dafür wirksame Methoden suchen.

- Einen Überblick über grundlegende Erkenntnisse, theoretisch fundiert & praxisnah prägnant aufbereitet.
- Psychologisches Praxis-Wissen & erprobte Methoden für Coaches, Berater und Führungskräfte.
- Ideen und Coaching-Tools für Coaches und Trainer, die mit Führungskräften arbeiten.

Inhaltsverzeichnis

Glaubenssätze als Ursache für Leistungsblockaden

1

Glaubenssätze sind Annahmen darüber, wie die Welt, die eigene Person, das eigene Verhalten und Leben ist. Diese Regeln, Wahrheiten, Gesetze, Interpretationen halten Sie für wahr – Sie glauben daran und richten das eigene Leben danach aus. Glaubenssätze beeinflussen Denken und Handeln, sogar die Wahrnehmung wird durch Glaubenssätze beeinflusst. Positive Glaubenssätze („Was ich anpacke, gelingt.") stärken Sie und ermöglichen selbstbestimmtes Leben und Handeln. Negative Glaubenssätze („Ich bin zu dumm dafür.") nehmen Ihnen den Wind aus den Segeln.

Glaubenssätze haben oft einen Bezug zu den **eigenen Fähigkeiten** („Was kann ich, was kann ich nicht?") und zur **eigenen Identität** („Ich bin ein/eine ..."). Wir glauben, dass diese Annahmen wahr sind. Deshalb werden Glaubenssätze zu Regeln, die Wahrnehmung, Denken und Verhalten beeinflussen. Glaubenssätze beziehen sich auf den angenommenen (und möglicherweise gar nicht zutreffenden) Zusammenhang zwischen einer Ursache und einer Wirkung („Wenn ich aufgeregt bin, werde ich rot." oder „Weil ich ein Mann bin, kann ich nicht gut zuhören.") oder stellen den Zusammenhang zwischen zwei Dingen her, die nicht notwendigerweise etwas miteinander zu tun haben („Sie haben mich nicht informiert. – Sie schätzen mich und meine Leistung nicht."). Dabei wird von der Person, die diese Glaubenssätze hat, ein Zusammenhang als wahr und sicher erwiesen wahrgenommen. Die Möglichkeit, dass ein Zusammenhang nicht immer, unter allen Umständen bestehen muss und dass der Zusammenhang auch verändert werden könnte, wird dabei nicht berücksichtigt. Außerdem enthalten Glaubenssätze verallgemeinernde Annahmen, die nicht hinterfragt werden („Es ist einfach so, dass ...", „Menschen sind ...", „Man sollte nicht ...").

© Springer Fachmedien Wiesbaden 2016
J. Moskaliuk, *Leistungsblockaden verstehen und verändern*, essentials,
DOI 10.1007/978-3-658-13405-1_1

1.1   Wie kommen Glaubenssätze zustande?

Eine wichtige Quelle für Glaubenssätze sind Ihre bisherigen Erfahrungen. Das was Sie in Ihrem bisherigen Leben beobachtet, wahrgenommen, erlebt und gefühlt haben, bestätigt Ihre Sicht auf die Welt. Glaubenssätze beziehen sich also auf spezifische Verhaltensweisen, Fähigkeiten, Rollen und die eigene Identität und die Welt im Allgemeinen. Es handelt sich um Verallgemeinerungen bestimmter Zusammenhänge und Bedeutungen. Diese helfen Menschen dabei, das eigene Leben zu gestalten. So müssen wir nicht ständig von vorne anfangen, sondern können uns in vielen Bereichen auf unsere Sicht der Dinge und das daraus resultierende Verhalten verlassen.

Oft sind es Eltern und Großeltern, die ein bestimmtes Verhalten und eine bestimmte Sicht auf die Welt vorleben („Sei ein echter Mann!", „Das gehört sich nicht für ein Mädchen!") und damit bestimmte Glaubenssätze prägen. Auch Eltern, Lehrende und andere Autoritäten beeinflussen, welche Glaubenssätze Sie im Laufe Ihres Lebens entwickeln. Sie aktivieren durch ihr Verhalten direkt („Du bist einfach nicht so intelligent wie Dein Bruder.") oder indirekt (z. B. indem der Bruder ständig für seine gute Noten gelobt wird) bestimmte Glaubenssätze. Neben unserer Erziehung beeinflusst auch die Kultur und Gesellschaft, in die wir hineingeboren werden, und die damit verbundenen Erwartungen, welche Glaubenssätze wir haben. Glaubenssätze entstehen durch Gewöhnung. Wenn Sie immer wieder Ähnliches erleben, gesagt bekommen oder wahrnehmen, dann lernen Sie daraus etwas über sich selbst, andere Menschen und die Welt um Sie herum. Sie leiten daraus Regeln ab, dass Dinge immer so sein müssen, und gar nicht anders sein könnten. Aus besonders prägenden, traumatischen oder emotional bedeutsamen Situationen können sich ebenfalls Glaubenssätze ergeben, die dann auch auf andere Situationen übertragen werden, und dort wirksam werden.

Glaubenssätze beeinflussen auch Einstellungen und Verhalten in beruflichen Situationen und haben direkten Einfluss auf Ihre Leistungsfähigkeit. Von sich sich selbst und den eigenen Fähigkeiten überzeugt zu sein, ist die Voraussetzung für Erfolg. Was sich wie eine Binsenweisheit anhört, lässt sich durch zahlreiche empirischer Ergebnisse aus der psychologischen Forschung bestätigen: Erfolgszuversicht und realistische Erwartung an sich selbst tragen zur Leistungssteigerung bei. Ähnliches gilt für den Umgang mit Misserfolgen. Wichtig ist, einerseits zu reflektieren, welche Probleme, Fehler oder Verhaltensweisen Ursache für einen Misserfolg sein könnten um daraus Entwicklungspotenzial ableiten zu können, aber anderseits nicht die eigene Leistungsfähigkeit, Kompetenzen und positive Eigenschaften grundlegend infrage zustellen. Als Führungskraft sollten Sie positive und negative Glaubenssätze als wichtige Faktoren für die eigene Leistungsfähigkeit und die Leistungsfähigkeit Ihrer Mitarbeitenden wahrnehmen.

1.2 Sind Glaubenssätze wahr oder falsch?

Glaubenssätze sind immer subjektiv. Was eine Person über sich selbst, ihre Fähigkeiten und ihre Identität denkt, muss nicht oder nicht mehr, wahr sein. Glaubenssätze sind vielmehr Regeln und Annahmen, von denen wir *glauben*, dass sie wahr und unumstößlich sind. Deshalb finden wir ständig wieder Bestätigungen dafür, dass es genau so ist, und gar nicht anders sein kann. Glaubenssätze wirken wie Filter, die die Wahrnehmung steuern und uns das wahrnehmen lassen, woran wir glauben. Deshalb geht es nicht um die Frage, ob ein Glaubenssatz der Wirklichkeit entspricht oder nicht – ob ein Glaubenssatz wahr oder falsch ist. Wichtig ist vielmehr, ob ein Glaubenssatz die Mitarbeitenden oder Klienten fördert und unterstützt, oder behindert und einengt. Als Coach unterstützen Sie die Klienten, zu erkennen, dass ein Glaubenssatz wahr und falsch sein kann. Der Klient wird für beide Überzeugungen genügend Beispiele im eigenen Leben oder dem Leben anderer Menschen finden. Es geht darum herauszufinden, ob ein bestimmter Glaubenssatz noch zum jetzigen Leben, den anstehenden Aufgaben und dem aktuellen Umfeld passt. Dann kann der Klient entscheiden, welche Glaubenssätze er für sich nutzen möchte. Führungskräfte sind als Vorgesetzte keine Coaches. Ihre Möglichkeiten, Mitarbeitenden dabei zu unterstützen, hinderliche Glaubenssätze zu verändern sind begrenzt. In der Rolle als Führungskraft, die Ziele festsetzt, Arbeitsaufgaben verteilt und Leistung bewertet, können Sie nicht gleichzeitig die Funktion des Beraters, Begleiters und Coachs übernehmen.

Dennoch hilft Ihnen das Wissen um die Wirkung positiver und negativer Glaubenssätze, Ihr Führungsverhalten weiterzuentwickeln. Im Kap. 3 werde ich Ihnen Methoden aus dem systemischen Coaching vorstellen, die Sie für die Kommunikation mit Ihren Mitarbeitenden nutzen können und stelle mögliche Strategien vor, um Glaubenssätze zu identifizieren und zu verändern. Denn auch Ihre Glaubenssätze als Führungskraft oder Coach kommen in der Kommunikation mit Klienten und Mitarbeitenden zum Tragen. Das sind zum einen Glaubenssätze, die sich auf Ihre Rolle als Coach und Ihre Coaching-Fähigkeiten beziehen, bzw. auf Ihre Rolle als Führungskraft und Ihre Management- und Führungskompetenzen. Auch bei der Frage, wie Sie mit ungelösten Problemen umgehen, mit Misserfolg oder mit Kritik spielen Ihre Glaubenssätze eine Rolle. Zum anderen geht es um Ihre eigenen Glaubenssätze im Bezug auf das Anliegen, das der Klient oder Mitarbeiter an Sie heranträgt. Die persönliche Betroffenheit von einem Anliegen kann Sie dabei unterstützen, empathisch und zielführend zu kommunizieren. Das Anliegen des Klienten oder Mitarbeiters aus der eigenen Geschichte zu kennen, kann aber auch Ihre Lösungsfokussierung behindern und Ihren Blick von Außen erschweren. Mit der sorgfältigen Klärung des Auftrags können Sie verhindern, dass Ihre eigenen Glaubenssätze den Coaching-Prozess oder das Gespräch dominieren. Damit ist gemeint, das genaue Anliegen des Gesprächspartner und die konkreten Ziele zu klären, bevor Sie das Gespräch führen und gemeinsam an einer Lösung arbeiten.

▶   Mehr Infos und konkrete Methoden zur Klärung des Auftrags im Coaching und zur Wahrnehmung von Eigenaufträgen finden Sie unter ichraum.de/auftrag

1.3   Der Mensch als Wissenschaftler: Auf der Suche nach Kausalität

Der Begriff Kausalattribuierung oder Kausalattribution beschreibt das Zuschreiben von Ursachen oder Erklärungen. Menschen attribuieren Ursachen von Verhalten, um sich selbst und die Welt um sie herum zu verstehen. So entstehen Glaubenssätze. Bei Leistungsblockanden handelt es sich oft um solche Fehlattributionen. Menschen haben das Bedürfnis, das eigene Verhalten und das Verhalten anderer Menschen zu verstehen. Dafür müssen sie nach Ursachen suchen, die erklären, warum sie selbst oder jemand Anderes sich in einer bestimmten Art und Weise verhält. Für dieses Zuschreiben von Ursachen oder Erklärungen wird in der Psychologie der Begriff Kausalattribuierung oder Kausalattribution verwendet: Menschen attribuieren also Ursachen von Verhalten, um sich selbst und die Welt um sie herum zu verstehen. Der Begriff Attribution geht auf den Psychologen Fritz Heider zurück. Er beschreibt den Menschen als Wissenschaftler, der die Welt verstehen und erklären möchte, und deshalb für Beobachtungen in seiner Umwelt subjektive Erklärungen sucht. Ziel von Attributionen ist es, die Umwelt zu strukturieren, Ereignissen und Verhaltensweisen Bedeutung zu geben und sie vorhersagbar zu machen. Attributionen haben deshalb große Bedeutung für den Einzelnen. Um zu überleben, müssen Menschen den Zusammenhang zwischen Ursachen und Wirkungen einzelner Verhaltensweisen und den Konsequenzen, die sich daraus ergeben, verstehen.

Gleichzeitig können Attributionen zu Missverständnissen und Konflikten führen. Denn in Bezug auf das Verhalten anderer Menschen, haben Menschen die Tendenz, den Einfluss von Persönlichkeitseigenschaften, Einstellungen und

Meinungen zu überschätzen. Dabei vernachlässigen wir äußere Faktoren, z.B. den Einfluss der Situation. Ein Grund dafür ist, dass der Fokus der Aufmerksamkeit auf der handelnden Person liegt. Wir sind es gewohnt, auf die handelnde Person zu achten. Dazu kommt, dass situative Einflussfaktoren einem Beobachter von außen oft nicht bekannt sind. Da wir nur Person beachten, die wir beobachten, liegt es nahe, auf deren Persönlichkeit, Einstellungen und Meinungen zu attribuieren – und weniger auf die Situation.

1.4 Attributionen und Selbstwert

Bei der Attribution von Verhalten – also der Zuschreibung von Ursachen – lassen sich formal zwei Dimensionen unterscheiden:

- interne oder externe Attribution: Bei der internen Attribution mache ich mich selbst, meine Kompetenzen, meine Persönlichkeit, meine Leistung verantwortlich für mein Verhalten. Bei der externen Attribution verstehe ich andere Menschen, die Situation, das Umfeld oder den Zufall als Ursache.
- stabile oder variable Attribution: Bei der stabilen Attribution gehe ich davon aus, dass Verhalten über die Zeit stabil und unveränderlich ist. Bei der variablen Attribution beziehe ich Schwankungen und Unterschiede je nach Situation und Umfeld mit ein.

Die Art, wie Ihre Klienten oder Mitarbeitenden attribuieren, hat Einfluss auf deren Selbstwert und deren Selbstbewusstsein. Wenn eine Person zum Beispiel eine mangelnde Leistung im Beruf auf äußere Faktoren attribuiert, also z.B. auf unfähigen Kollegen oder unklare Anforderungen, dann kann sie sich weiterhin gut und kompetent fühlen. Wenn eine Person dagegen die mangelnde Leistung auf mangelnden Fähigkeiten attribuiert, dann kann das ihren Selbstwert beeinträchtigen. Das gilt in ähnlicher Weise auch für Erfolg: Wenn eine Person annimmt, dass sie und ihre Leistung dafür verantwortlich sind, wird sie sich gut und selbstbewusst fühlen. Wenn sie dagegen annimmt, dass sich der Erfolg mit Faktoren von außen begründen lässt, z.B. den geringen Anforderungen, dem wohlwollenden Chef oder dem Zufall, dann wird sie sich weniger kompetent und selbstsicher fühlen.

Wenn Menschen in ähnlichen Situationen immer wieder ähnlich attribuieren, dann können sich daraus stabile Glaubenssätze entwickeln. Diese Glaubenssätze, also Überzeugungen über die Welt und die eigene Person, haben Einfluss darauf, wie eine Person in Zukunft das eigene Verhalten und das anderer Menschen erklärt. Daraus ergibt sich ein Kreislauf: Jede Situation, in der eine Person in einer bestimmten Art und Weise attribuiert, verstärkt den entsprechenden Glaubenssatz. Der Glaubenssatz erhöht wiederum die Wahrscheinlichkeit, dass eine Person in einer bestimmten Art und Weise attribuiert.

Die Art, wie ein Klient oder Mitarbeiter das eigene Verhalten und das Verhalten anderer Menschen erklären, hat also Einfluss darauf,

- wie der Klient sich fühlt,
- wie er mit anderen Menschen umgeht,
- wie leistungsfähig er ist,
- wie er auf Niederlagen reagiert und
- ob er sich persönlich weiterentwickelt.

Der erste Schritt um Glaubenssätze zu verändern ist deshalb, Attributionsfehler zu reflektieren. Das ist nicht ganz einfach, denn Attributionen haben gleichzeitig Einfluss auf die Wahrnehmung. Wenn ein Klient also überzeugt ist, dass eine bestimmte Attribution richtig und sinnvoll ist, dann wird stärker darauf achten, was seine Attribution bestätigt, und das, was die Attribution infrage stellt, eher übersehen. Auch das Kommunikationsverhalten wird sich wesentlich verändern, wenn der Klient die eigene Tendenz versteht, den Einfluss von Persönlichkeit, Einstellungen und Meinungen auf das Verhalten anderer Menschen zu überschätzen. Es kann Konflikte entschärfen, auch äußere Faktoren, z.B. den Einfluss der Situation, das Umfeld oder die eigene Wirkung auf den Anderen mit einzubeziehen.

Attributions- und Wahrnehmungsfehler verstehen

2

Im Coaching und in der Kommunikation mit Ihren Mitarbeitenden werden Sie immer wieder feststellen, dass es nicht einfach ist, die eigenen Überzeugungen und Erklärungsmuster infrage zu stellen. Menschen empfinden es als unangenehm, wenn sich Wahrnehmung und Überzeugung widersprechen oder die eigene Meinung und das eigene Verhalten nicht zusammenpassen. Dieses unangenehme Gefühl nennt der Sozialpsychologe Leon Festinger kognitive Dissonanz (Festinger et al. 1956). Die Hauptidee der Theorie der kognitiven Dissonanz ist, dass Menschen bestrebt sind konsistent zu sein. Sie streben also einen Zustand an, in dem Erleben und Verhalten widerspruchsfrei ist. Kommt es zu einer Dissonanz, dann versuche Sie, diesen Zustand zu verändern, weil Sie sich unwohl fühlen. Kognitive Dissonanz beschreibt den inneren Widerspruch zwischen Erleben und Verhalten. Das löst eine Veränderung aus und ist deshalb eine Methode um Glaubenssätze zu verändern.

Die Forschungen von Leon Festinger zur kognitiven Dissonanz haben in den 1950er Jahren ihren Anfang genommen. Zu dieser Zeit formierte sich in Wisconsin in den USA eine Sekte um Marian Keech, die behauptete, eine Nachricht von Außerirdischen erhalten zu haben. Eine große Flut werde alle Menschen töten, und nur die Mitglieder der Sekte könnten überleben und mit fliegenden Untertassen entkommen. Leon Festinger war „Undercover"-Mitglied der Sekte, und beobachtete die sozialen Prozesse und entwickelte nach eigenen Angaben darauf aufbauend die Theorie der kognitiven Dissonanz. Als die große Flut ausblieb, mussten sich die Sektenmitglieder alternative Erklärungsmodelle suchen, um die entstehende kognitive Dissonanz zu reduzieren. Sie interpretierten das Ausbleiben der Flut als Ergebnis der eigenen Gebete.

© Springer Fachmedien Wiesbaden 2016
J. Moskaliuk, *Leistungsblockaden verstehen und verändern*, essentials,
DOI 10.1007/978-3-658-13405-1_2

Die Theorie der kognitiven Dissonanz bezieht sich zunächst auf kurzfristigere Prozesse. Vereinfacht gesagt kann man das so beschreiben: Kognitive Dissonanz tritt auf, wenn sich zwei Gedanken widersprechen. Dann Sie bestrebt, die Dissonanz, die Sie als unangenehm erleben, zu reduzieren. Je stärker die Dissonanz ist, also je größer der Widerspruch zwischen zwei Gedanken, desto stärker ist der Druck, die Dissonanz zu reduzieren. Dann muss ein Gedanke verändert werden, um die Dissonanz zu beseitigen. Für das Coaching bedeutet das: Wenn Ziele, Werte und Glaubenssätze im Einklang miteinander sind, dann fühlt sich ein Mensch gut, die eigene Persönlichkeit wird als kongruent wahrgenommen. Andernfalls kommt es zu einer kognitiven Dissonanz. Das Ziel ist dann, diese Dissonanz zu vermeiden. Das wird Dissonanz-Reduktion genannt: Sie suche einen neuen Rahmen, um die Widersprüche zu integrieren. Das kann zu Veränderung führen.

2.1   Wie entsteht kognitive Dissonanz

Kognitive Dissonanz entsteht, wenn sich zwei Gedanken widersprechen. Das ist z. B. der Fall, wenn Sie eine Entscheidung getroffen haben, und danach Informationen so bewerten, dass Ihre Entscheidung nicht infrage gestellt wird. Außerdem führt Dissonanz dazu, dass Sie Informationen selektiv bewerten, also vor allem auf Informationen achten, die eine einmal getroffene Entscheidung unterstützen. Kognitive Dissonanz entsteht auch, wenn Ihr Verhalten und Ihre Einstellung nicht zueinander passen. Dann werden Informationen nicht wahrgenommen oder abgewertet, die Bedeutung des Verhaltens heruntergespielt oder eine alternative Erklärung gesucht (z. B. „Ich hatte keine andere Wahl.")

Kognitive Dissonanz entsteht in vier Schritten:

1. Sie nehmen Verhalten und Einstellung, oder zwei Gedanken, als widersprüchlich wahr.
2. Sie haben freiwillig gehandelt, sind also selbst verantwortlich.
3. Sie sind physiologisch erregt und nehmen die Dissonanz als unangenehm wahr.
4. Sie interpretieren oder erklären Ihre Erregung mit dem eigenen Verhalten.

Aus diesen vier Schritten ergeben sich vier Strategien, die Menschen anwenden, um kognitive Dissonanz zu vermeiden:

- Informationen selektiv verarbeiten und dadurch den Widerspruch abschwächen.
- Alternative Erklärungen für das Verhalten finden.
- Physiologische Erregung abschwächen (z. B. durch Alkohol oder nervöse Bewegungen).
- Alternative Erklärung für die Erregung finden.

Kognitive Dissonanz kann ein Mensch nicht ignorieren. Um das ungute Gefühl zu ändern, muss er die Dissonanz reduzieren. Im Abschn. 3.3 stelle ich Ihnen ein Coaching-Tool vor, dass sich diese Idee zunutze macht. Dabei stellt der Klient einer Situation, in der ein Glaubenssatz Wahrnehmen und Verhalten beeinflusst, eine andere Situation entgegen, in welcher der Glaubenssatz nicht aktiv war. Dabei sollten die Situationen, die der Klient gegenüberstellt, vergleichbar sein. Wenn der Glaubenssatz z. B. heißt: „In stressigen Situationen verliere ich den Überblick!", dann benötigt der Klient den Gedanken an eine Situation, in der es ihm gelungen ist, trotz Stress den Überblick zu behalten. Damit kann er kognitive Dissonanz erzeugen. Zwei Gedanken „treten gegeneinander an", und der Klient wird angeregt, infrage zu stellen, ob der Glaubenssatz immer und überall gilt. Im nächsten Schritt ergibt sich daraus Veränderung.

In der Markt- und Werbepsychologie wird die Theorie der kognitiven Dissonanz seit vielen Jahren angewendet, um Kaufverhalten von Kunden zu untersuchen und im nächsten Schritt zu beeinflussen. Eine bekannte Methode ist die Foot-in-the-door-Technik. Stellen Sie sich jemanden vor, der Ihnen an der Haustüre etwas verkaufen will, oder Sie von etwas überzeugen möchte. Wenn jemand schon mal den Fuß in der Tür hat, dann werden Sie ihn nicht mehr los. Statt „gleich mit der Tür ins Haus zu fallen", werden Sie deshalb zunächst um einen kleinen Gefallen gebeten, oder Sie erhalten ein Angebot, dass Sie nicht ausschlagen können. Weil Sie Menschen sich konsistent verhalten möchten, und kognitive Dissonanz vermeiden, erhöht das die Wahrscheinlichkeit, dass Sie auch dem eigentlichen Verkaufsangebot wohlwollend gegenüber stehen.

▶ **Coaching-Übung:** Was können Sie aus der Foot-in-the-door-Technik als Führungskraft für Ihr Führungsverhalten lernen?

2.2   Selbsterfüllende Prophezeiung

Eine selbsterfüllende Prophezeiung beschreibt die Erwartung, dass eine zukünftige Situation ein bestimmtes, vorhersehbares Ergebnis hat. Eine Person verhält sich so, dass dieses Ereignis eintritt und beeinflusst damit das eigene Verhalten und Erleben, sowie das andere Personen. Glaubenssätze, stärkende und schwächende, basieren in der Regel auf eigenen Erfahrungen, oder Rückmeldungen durch Eltern und andere Bezugspersonen. Glaubenssätze können auch als generalisierte Attributionen beschrieben werden. Die Attribution einzelner Erfolgs- oder Misserfolgserfahrungen wird auf andere Situationen übertragen und wird so zu einer scheinbar nicht mehr zu verändernden Wahrheit. Dadurch ändert sich auch die Wahrnehmung des Klienten oder Mitarbeiters. Wenn er von etwas überzeugt ist, werden er eher auf Dinge achten, die diese Überzeugung belegen, als solche, die dagegensprechen. Dadurch ändert sich gleichzeitig auch das Verhalten. Allein die Erwartung, dass er beim nächsten Mal in einer Stresssituation wieder versagen wird, erhöht die Wahrscheinlichkeit, dass er unbewusst alles tut, damit das auch eintritt. Außerdem beeinflusst er damit indirekt auch das Verhalten anderer: Er wirkt vielleicht unsicher, wenig selbstbewusst oder angreifbar.

Diese Idee wird selbsterfüllende Prophezeiung genannt: Eine Person verhält sich (in der Regel unbewusst) so, dass ein bestimmtes vorhergesehenes Ereignis eintritt. Das bezieht sich insbesondere auf das Verhalten anderer Menschen. Durch das eigene Verhalten löst eine Person also bestimmte Verhaltensweisen und erwartete Reaktionen bei anderen aus. Menschen unterschätzen in der Regel, welchen Einfluss sie tatsächlich auf die Situation haben und das Verhalten andere Personen haben. Sie übersehen die Wirkung, die das eigene Verhalten auf Andere hat und auf die gesamte Situation. Die selbsterfüllende Prophezeiung funktioniert auch umgekehrt, sie wird dann selbstzerstörende Prophezeiung genannt. Dabei verhält sich eine Person so, dass die Erwartung gerade nicht in Erfüllung geht. Auch diese Idee können Sie für das Coaching nutzen: Was wäre, wenn ihr Klient oder Mitarbeiter alles dafür tut, das etwas, das er erwartet nicht, nicht eintritt?

Ein klassisches Experiment wurde 1966 von den Psychologen Robert Rosenthal und Leonore Jacobson durchführt (Rosenthal und Jacobson 1966). Sie haben Lehrpersonen von öffentlichen Grundschulen die Information gegeben, dass wissenschaftliche Tests ergeben hätten, welche 20 % der Schülerinnen und Schüler ihrer Klasse sich in nächster Zeit intellektuell erheblich weiterentwickeln würden. Obwohl die 20 % willkürlich ausgewählt wurden und der vermeintliche Unterschied zwischen normalen und besonders begabten Kindern nur den Lehrkräften bekannt war, war das Ergebnis nach einem Jahr verblüffend: Die 20 % der Kinder, von denen die Lehrpersonen ausgingen, dass sie ihre Leistung verbessern würden, schnitten bei einem Intelligenztest erheblich besser ab. Die Erwartung der Lehrpersonen, welche Kinder ihre Leistung verbessern würden, führt also zu einer tatsächliche Leistungssteigerung, die sich sogar mit einem Intelligenztest messen ließ. Dieser sogenannte Rosenthaleffekt wurde in vielen weiteren Studien belegt. Tatsächlich reduziert sich der Effekt aber, wenn die Lehrpersonen die Schülerinnen und Schüler gut kennen, und sich schon ein eigenes Urteil gebildet haben.

Diese Ergebnisse lassen sich auf den Führungsalltag in Unternehmen und Organisationen übertragen. Die Erwartung, die Sie als Führungskraft an die Leistungsfähigkeit Ihrer Mitarbeitenden haben, wird deren Verhalten beeinflussen. Trauen Sie einem Mitarbeiter zu, dass er eine Aufgabe kreativ und zielführend löst, vertrauen Sie einer Mitarbeiterin, eine fachlich richtig Entscheidung zu treffen, wird das die Motivation und Leistungsbereitschaft beeinflussen.

Glaubenssätze identifizieren und verändern

Als Führungskraft sind Sie kein Coach. Das habe ich im Abschn. 1.3 schon diskutiert. Die Coaching-Tools die ich Ihnen in diesem Kapitel vorstelle, richten sich deshalb an Coaches, die mit ihren Klienten an Glaubenssätzen arbeiten möchten. Die Anwendung der Coaching-Tools setzten in der Regel entsprechende Coaching-Kompetenzen und Erfahrung voraus. Bei der Arbeit mit Glaubenssätzen entdecken Klienten manchmal belastende oder traumatische Erfahrungen, die nicht mehr im Rahmen eines Coachings gelöst werden können, sondern ein therapeutische Begleitung notwendig machen. Ein Kennzeichen von positiven und negativen Glaubenssätze ist, dass Klient diese für wahr und richtig hält, also zunächst gar nicht in Erwägung zieht, dass es sich einen um Glaubenssatz handelt, der verändert werden könnte. Es kann deshalb schwierig sein, die eigenen Glaubenssätze zu identifizieren. Als Führungskraft können Sie deshalb die Coaching-Tools nutzen, die ich in diesem Kapitel vorstelle, um Ihre eigenen Glaubenssätze zu identifizieren.

3.1 Coaching-Tool: Glaubenssätze aufschreiben

Eine Methode, um eigene Glaubenssätze zu entdecken ist, die eigenen Gedanken in einem Tagebuch zu notieren. Laden Sie den Klient ein, zu einer festen Tageszeit alles aufzuschreiben, was ihm gerade durch den Kopf geht oder probieren Sie selbst aus, ihre Glaubenssätze zu notieren. Dabei ist es wichtig, unreflektiert zu bleiben, die eigenen Gedanken nicht zu zensieren oder zu bewerten und nicht darüber nachdenken, was genau aufgeschrieben wird. Manchmal gelingt es nicht auf Anhieb, die eigenen Glaubenssätze zu entdecken. Manche Glaubenssätze verstecken sich hinter einer Nebelwand, oder legen falsche Fährten. Sie möchten

© Springer Fachmedien Wiesbaden 2016

J. Moskaliuk, *Leistungsblockaden verstehen und verändern*, essentials,

DOI 10.1007/978-3-658-13405-1_3

unentdeckt bleiben. Die Strategie, einige Zeit Tagebuch zu führen, hilft deshalb dabei, die eigenen Gedanken und Erfahrungen genau wahrzunehmen.

> Folgende Leitfragen können eine Grundlage für die Notizen sein:
>
> - Was war heute anstrengend, stressig, ärgerlich, langweilig?
> - Worum ging es?
> - Was dabei belastend?
> - Wer war an der Situation beteiligt?
> - Wie habe ich reagiert?
> - Welche meiner Werte waren im Spiel?

Erst im nächsten Schritt nutzen Sie oder der Klient die Notizen, z. B. um Glaubenssätze zu identifizieren oder um Anliegen für ein Coaching festzulegen. Insbesondere um immer wieder auftretenden Fragestellungen oder Verhaltensmuster zu entdecken, eignet sich das regelmäßige schriftliche Reflektieren.

3.2   Coaching-Tool: Glaubenssätze verändern

Das folgende Coaching-Tool können Sie nutzen um hinderliche Glaubenssätze zu verändern. In diesem Coaching-Tool wird der Coaching-Prozess mit Moderationskarten auf dem Boden visualisiert, um einzelne Positionen klar zu machen (siehe Abb. 3.1). Um das Tool als Coach anwenden zu können, benötigen Sie entsprechende Coaching-Kompetenzen. Zu Beginn sollte z. B. eine detaillierte Klärung des Auftrags stehen. Außerdem setzt die Anwendung des Coaching-Tools eine vertrauensvolle Kommunikation zwischen Coach und Klient voraus, und eignet sich deshalb möglicherweise erst für ein zweites Coaching-Treffen.

In dem Coaching-Tool probiert der Klient in einer „als ob"-Haltung aus, hinderliche Glaubenssätze hinter sich zu lassen und neue, förderliche Glaubenssätze zu entdecken und in das eigene Verhalten zu integrieren. Dieses Coaching-Tool unterstützt den Klienten dabei hinderliche Glaubenssätze zu verändern und neue, unterstützende Glaubenssätze zu entdecken. Der Einsatz dieses Coaching-Tools setzt deshalb voraus, dass der Klient bereits Glaubenssätze identifiziert hat, die er im Coaching verändern möchte. Die Visualisierung mit Moderationskarten macht den Coaching-Prozess erlebbar und ermöglicht, die unterschiedlichen Perspektiven und Haltungen jeweils genau wahrnehmen zu können. Das grundsätzliche Vorgehen kann auch als Struktur eines Coaching-Gesprächs dienen, wenn der Platz nicht

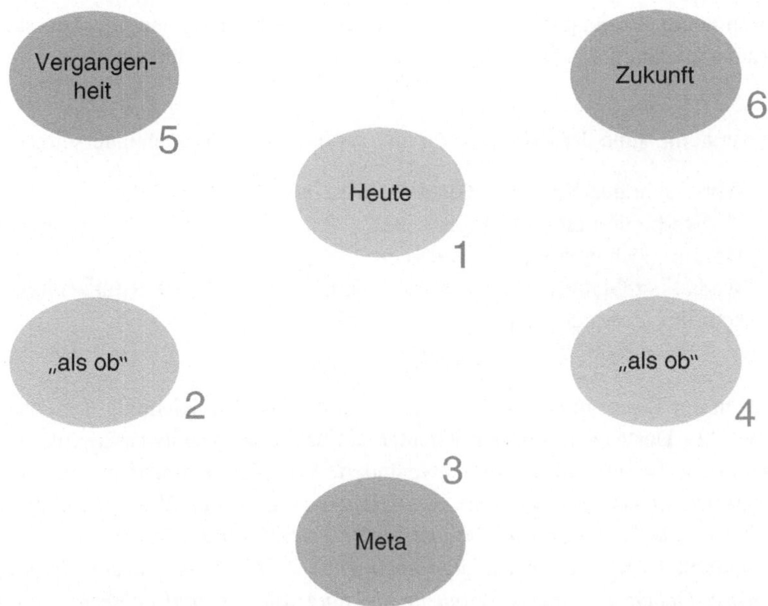

Abb. 3.1 Überblick über die Prozessstruktur des Coachings. Die einzelnen Positionen werden mit Moderationskarten auf dem Boden visualisiert

ausreicht oder der Klient nicht mit einer Visualisierung im Raum arbeiten möchte. Die Anordnung im Raum ermöglicht aber Veränderungen auch körperlich wahrnehmen zu können und verstärkt die Wirkung des Coaching-Tools.

Zu Beginn visualisiert der Coach Moderationskarten auf dem Boden die Prozessstruktur des Coachings-Tools auf dem Boden. Es sollte für dieses Coaching-Tool ausreichend Platz zur Verfügung stehen. Der Coach muss dem Klienten die Struktur zunächst nicht genau erklären, sie wird während des Coachings klar.

Der Klient benennt zu Beginn den Glaubenssatz, der verändert werden soll und notiert ihn auf einer Moderationskarte. In Bezug auf die Formulierung kann der Coach mit Vorschlägen unterstützen. Die Formulierung sollte den Glaubenssatz treffend wiedergeben. Dann nennt der Klient eine Situation, in welcher der Glaubenssatz zum Tragen kommt und sich negativ auf Wahrnehmen, Erleben und Verhalten des Klienten auswirkt. Falls diese Situation schon in der Auftragsklärung genannt wurde, kann mit dieser Situation weitergearbeitet werden.

Jetzt kommt Bewegung ins Spiel. Der Klient hält die Moderationskarte mit dem Glaubenssatz in der Hand und beginnt mit einem bewussten Schritt auf die

Position heute (1). Es geht darum, die Wirkung des hinderlichen Glaubenssatzes wahrzunehmen und den Wunsch, etwas zu verändern, zu verstärken.

Wenn nötig, kann der Coach diesen Prozess mit einigen Fragen unterstützen:

- Wobei schränkt Sie dieser Glaubenssatz ein?
- Was verhindert dieser Glaubenssatz?
- Warum möchten Sie etwas verändern?
- Wo hat der Glaubenssatz Einfluss auf Ihr Verhalten, Ihre Leistungsfähigkeit, Ihre Zufriedenheit?

Jetzt geht der Klient mit dem Glaubenssatz in der Hand in Richtung der Position „als ob" (2). Der Coach regt den Klienten an, dabei den Glaubenssatz infrage zu stellen und wahrzunehmen, was sich verändert, wenn der Glaubenssatz nicht mehr wirksam ist: *„Gehen sie jetzt mit dem Glaubenssatz in der Hand Richtung ‚als ob'. Damit entscheiden sie sich bewusst dafür, Veränderung auszuprobieren, ihren Glaubenssatz infrage zu stellen, zu erleben, wie ihr Leben ohne diesen Glaubenssatz wäre. Gehen sie ganz langsam in Richtung ‚als ob' und nehmen sie wahr, wie sich dadurch ihr Glaubenssatz verändert. Vielleicht kriegt er Löcher, verblasst etwas, vielleicht werden die Stimmen leiser, die ihnen den Glaubenssatz vorsagen. Dann machen sie bewussten einen Schritt auf die Karte, auf der ‚als ob' steht. Dabei nehmen sie voller Neugier und Interesse wahr, was sich verändert."*

Mit folgenden Fragen kann der Coach unterstützen, dass der Klient den Glaubenssatz infrage stellt:

- Was ist anders, wenn der Glaubenssatz nicht mehr (so stark) wirksam ist?
- Welche Veränderung in Ihrem Verhalten stellen Sie fest?
- Wie ändern sich Ihr Wahrnehmen und Erleben?
- Welche neuen Möglichkeiten ergeben sich?
- Welche veränderten Reaktionen bei anderen Menschen in Ihrem Umfeld können Sie wahrnehmen?

Dann legt der Klient die Karte mit dem Glaubenssatz auf die Position „als ob" (2) ab. Das sollte als bewusste Entscheidung verstanden werden, Veränderung auszuprobieren und den Glaubenssatz probehalber loszulassen. Dem „als ob" liegt dabei die Idee zugrunde, dass der Glaubenssätze während des Coachings nicht direkt verändert wird, sondern zunächst ausprobiert wird, welche Veränderung ohne den Glaubenssatz möglich wäre. Erst dann trifft der Klient eine Entscheidung. Dieses Coaching-Tool nutzt den Weg zwischen den einzelnen Positionen als Teil der Intervention. Deshalb sollte genügend Platz zwischen den Positionen sein, außerdem sollte der Coach den Klienten ermutigen, den Weg bewusst wahrzunehmen und sich dabei Zeit zu lassen.

Wichtig ist: Der Coach „behandelt" auch den hinderlichen Glaubenssatz des Klienten wertschätzend und nimmt wahr, welchen Einfluss dieser Glaubenssatz auf das Leben des Klient hatte und immer haben wird. Ein zentraler Wirkfaktor dieses Coaching-Tools ist, die positive Absicht des hinderlichen Glaubenssatzes zu erkennen und in den neuen, förderlichen Glaubenssatz zu integrieren. Das kann nur gelingen, wenn auch der hinderliche Glaubenssatz als gut und wichtig für eine bestimmte Zeit im Leben des Klienten wahrgenommen wird.

Jetzt wechselt der Klient auf die Meta-Position (3). Der Coach verstärkt die Entscheidung des Klienten, sich probehalber von dem Glaubenssatz zu verabschieden und einen neuen, förderlichen Glaubenssatz zu entdecken. Ziel ist dann, zunächst die positive Absicht hinter dem hinderlichen Glaubenssatz herauszuarbeiten.

Dabei unterstützen die folgenden Fragen:

- Was tut der Glaubenssatz Gutes für Sie?
- Wobei hilft Ihnen der Glaubenssatz?
- Welchen Grund gibt es, dass Sie den Glaubenssatz bis jetzt nicht verändert haben?
- Was fehlt Ihnen, wenn der hinderliche Glaubenssatz nicht mehr wirksam ist?
- Wofür brauchen Sie den hinderlichen Glaubenssatz? Was stellt er sicher?
- Was können Sie nicht mehr tun, wenn Sie den hinderlichen Glaubenssatz nicht mehr haben?

Dieser Schritt ist die Voraussetzung dafür, dass der neue förderliche Glaubenssatz für den Klienten bedeutsam und wirksam werden kann. Deshalb ist es wichtig, dass die positive Absicht hinter dem Glaubenssatz identifiziert wird. Eine zentrale Idee dieses Coaching-Tools ist es, den hinderlichen Glaubenssatz nicht aus dem Leben des Klienten zu streichen. Deshalb wird der Glaubenssatz, der verändert werden soll nicht zerrissen – oder dessen Visualisierung einfach entfernt – sondern erhält einen wichtigen Platz in der Vergangenheit des Klient.

Der Glaubenssatz ist immer noch vorhanden und Teil der Geschichte des Klient, er wird aber nicht mehr gegen den Willen des Klient bestimmend für das Verhalten, Erleben und Wahrnehmen. Um diese Idee zu verstärken kann am Ende des Coaching-Prozesses eine zweite Position für das Heute auf den Boden gelegt werden, z. B. mit der Aufschrift „alternatives Heute" oder „neues Heute". Das macht klar, dass der Klient in der Hand hat, wie er sein Heute auf Basis der eigenen Vergangenheit verändert und fortschreibt.

Dann überlegt sich der Klient einen neuen Glaubenssatz, der den alten hinderlichen Glaubenssatz ersetzen könnte. In vielen Fällen hat der Klient spontan eine Idee. Falls das nicht auf Anhieb gelingt, kann eine zusätzliche Position genutzt werden, der für den kreativen Anteil des Klient steht. Außerdem kann der Coach dem Klient Vorschläge unterbreiten, aus denen der Klient auswählt. Der neue Glaubenssatz muss die positive Absicht des hinderlichen Glaubenssatzes enthalten. Nur dann wird er verhaltenswirksam werden. Außerdem sollte an der genauen Formulierung des neuen Glaubenssatzes gearbeitet werden, damit dieser zum Klient passt.

Der Klient schreibt den fertig formulierten Satz auf eine Moderationskarte. Jetzt geht der Klient analog zu Schritt 2 mit dem Glaubenssatz in der Hand in Richtung der zweiten Position „als ob" (4) und nimmt wahr was sich verändert, wenn der neue Glaubenssatz wirksam wird. Der Klient macht einen bewussten Schritt auf die Position „als ob" (4) und stellt sich eine Situation vor, in welcher der neue Glaubenssatz wirksam werden könnte.

- Was wäre jetzt anders?
- Welchen Unterschied könnten Sie wahrnehmen?
- Wie würde sich Ihr Verhalten verändern?
- Wie würden sich Erleben und Wahrnehmen verändern?

Die Formulierungen im Konjunktiv ermöglichen dem Klient, den neuen Glaubenssatz auszuprobieren und so zu tun „als ob". Der Klient überprüft, ob der neue Glaubenssatz stimmig ist. Falls nötig werden auf der Meta-Position noch Korrekturen vorgenommen und der vorherige wiederholt.

Im letzten Schritt legt der Klient den alten Glaubenssatz von der Position „als ob" (2) auf die Position Vergangenheit (5) und den neuen Glaubenssatz von der Position „als ob" (4) auf die Position Zukunft (6). Auch diese Veränderungen sollten bewusst gestaltet und wahrgenommen werden. Zum Schluss steht der Klient mit dem neuen Glaubenssatz in der Hand auf der Position Zukunft (6). Um den Coaching-Prozess abzuschließen stellt sich der Klient eine Situation in der Zukunft vor (entweder die bereits vorgestellte Situation oder eine neue Situation) und nimmt die Veränderung wahr.

Der Klient kann zum Abschluss gemeinsam mit dem Coach den Coaching-Prozess reflektieren. Dabei sind folgende Aspekte wichtig und können vom Coach eingebracht werden:

- Die Arbeit an den eigenen Glaubenssätzen ist anstrengend. Der Klient sollte die im Coaching geleistete Arbeit im Rückblick wertschätzend wahrnehmen.
- Die gute Absicht hinter dem alten Glaubenssatz ist Teil des neuen Glaubenssatzes. Der neue Glaubenssatz stellt jetzt das sicher, was bisher der alte Glaubenssatz sicherstellen musste.
- Der alte Glaubenssatz ist Teil der Vergangenheit des Klienten. Es war gut und wichtig, dass es diesen alten Glaubenssatz gibt, auch jetzt kann der alte Glaubenssatz vom Klient jederzeit wieder „aktiviert" werden.
- Glaubenssätze wirken automatisch. Der Klient muss nichts dafür tun und sich nicht anstrengen, dass der neue Glaubenssatz wirkt. Der innere Anteil des Klienten, der bisher für den alten Glaubenssatz zuständig war, wird mit dem neuen Glaubenssatz genauso zuverlässig funktionieren.

3.3 Coaching-Tool: Glaubenssätze ändern

In diesem Coaching-Tool nutzen Sie das Erleben kognitiver Dissonanz und regen den Klient an, als Konsequenz daraus eigene Einstellungen anzupassen. Der Klient beschreibt dazu zunächst eine Situation, in der er mit der eigenen Leistung, dem eigenen Verhalten, den eigenen Gefühlen oder der eigenen Wahrnehmung nicht zufrieden war und sich deshalb unwohl gefühlt hat. Diese Situation sollte prototypisch für ähnliche Situationen sein, der Klient beschreibt einige Merkmale, die diese Situation kennzeichnen. Außerdem findet er eine Überschrift für die Situation („Ich stehe im Rampenlicht und alle warten darauf, dass ich etwas Schlaues sage." oder „Die große Prüfung.").

Falls in der Auftragsklärung bereits ein Glaubenssatz identifiziert wurde, dann sucht der Klient in diesem Schritt nach einer Situation, in welcher der Glaubenssatz wirksam wird. Im nächsten Schritt sucht der Klient nach Ursachen, warum er in dieser Situation so reagiert hat. Es geht sowohl um Gründe, die beim Klient selbst liegen („Wenn ich kritisiert werde, dann ärgere ich mich schnell."), als auch um Gründe, die außerhalb des Klienten liegen („Wenn andere Menschen schlecht gelaunt sind, dann bin ich genervt.").

> Der Coach fragt nach, um ein gemeinsames Verständnis der Situation zu entwickeln, und den Klient zur Reflexion anzuregen:
>
> - Warum haben Sie so reagiert?
> - Was genau löst dieses Verhalten oder Erleben aus?
> - Was ist in dieser Situation besonders?
> - Welche Bewertungen und Urteile über Ihre Person spielen eine Rolle?

Jetzt geht es darum, Ressourcen, Eigenschaften oder Fähigkeiten zu identifizieren, die der Klient in dieser Situation brauchen könnte.

> Es kann sich um konkrete Strategien handeln („Ich müsste einfach mit einem lockeren Spruch reagieren.") oder um abstrakte Ressourcen („Humor oder Schlagfertigkeit"):
>
> - Welche Ressourcen, Eigenschaften oder Fähigkeiten brauchen Sie, um in dieser Situation anders zu reagieren?
> - Was müssten Sie tun, um die Gründe auszuhebeln, die Sie eben beschrieben haben?
> - Was fehlt Ihnen in dieser Situation?

Es erleichtert das Suchen nach Ressourcen-Situationen, wenn Sie als Coach zu den konkreten Strategien, die der Klient nennt, jeweils noch die abstrakte Ressource erfragen, die dahintersteht, und umgekehrt zu einer abstrakten Ressource jeweils noch eine Operationalisierung („Woran könnte man erkennen, dass sie die Ressource Gelassenheit in dieser Situation zur Verfügung haben?"). Die Situationen werden also spezifisch ausgesucht, mit Blick auf die entsprechenden Ressourcen, die der Klient im Blick auf einen bestimmten Glaubenssatz benötigt.

Der Klient findet mindestens drei andere konkrete Situationen aus seinem bisherigen Leben, die ähnliche Eigenschaften haben, wie die oben beschriebene Situation. Diese Situationen unterscheiden sich aber in mindestens einem der folgenden Punkte von der oben beschriebenen Situation.

- In diesen Situationen hat der Klient anders reagiert als in der Situation in Schritt 1.
- In dieser Situation hatte der Klient die Ressourcen, die er braucht, um sein Verhalten zu verändern.
- In dieser Situation hat der Klient sich gut und selbstsicher gefühlt.

> Wenn dem Klienten keine Situationen einfallen, sind folgende Strategien hilfreich:
>
> - Der Klient sucht in einem anderen Lebensbereich nach Situationen, die vergleichbare Merkmale haben.
> - Der Coach regt an, Situationen zu suchen, in denen „nicht alles komplett anders war", sondern in denen der Klient „etwas souveräner" reagiert hat oder „ein klein wenig selbstbewusster war".
> - Der Klient geht in seiner eigenen Vergangenheit weit zurück und sucht eine Situation aus der frühen Kindheit oder Jugend.
> - Der Klient stellt sich eine fiktive Situation vor (→ Wunderfrage), in der er genau so reagiert hat, wie er das gerne möchte.
> - Der Klient sucht sich ein Vorbild aus und nutzt dessen Verhalten als Ressource.

Diese drei Situationen werden nun mental erlebt und die entsprechenden Ressourcen jeweils mit einer bestimmten Bewegung („Ich richte mich auf und hole tief Luft."), einem Satz („Ich bin ruhig und stark.") oder einem Bild verknüpft („Die Maus überlistet den Löwen.") verbunden.

Zum Abschluss wird die Situation, in der bis jetzt der hinderliche Glaubenssatz wirksam war, erneut mental erlebt und dabei die neu identifizierten Ressourcen zur Bewältigung genutzt Hierbei kann auch eine räumliche Anordnung der Situationen im Raum, z. B. auf Moderationskarten genutzt werden, auf die sich der Klient nacheinander stellt. Dann aktiviert der Klient nacheinander die entsprechenden Ressourcen (mithilfe der Bewegungen oder inneren Bilder) und nimmt dann im nächsten Schritt wahr, welche Veränderung sich ergibt, wenn diese Ressourcen genutzt werden. Der Klient kann sich dann noch eine Erinnerungshilfe suchen (Bild, Handbewegung, positive Affirmation), die an die neue Strategie oder Verhaltensweise erinnert.

3.4   Coaching-Tool: Glaubenssätze wertschätzen

In diesem Coaching-Tool erarbeiten Sie mit Ihrem Klient die positive Absicht, die hinter einem Glaubenssatz steht. Dann wird der Glaubenssatz umformuliert auf der Suche nach einem neuen Glaubenssatz, der die positive Absicht des alten Glaubenssatzes integriert. Zu Beginn steht die Klärung des Auftrags. Sofern bereits ein Glaubenssatz identifiziert wurde, beschreibt der Klient eine Situation, in der dieser Glaubenssatz verhaltenswirksam wird. Dann wird der Glaubenssatz in einem Satz zusammengefasst, der als Überschrift den Kern des Glaubenssatzes auf den Punkt bringt. Der Coach arbeitet die positive Absicht heraus, die der Glaubenssatz für den Klient hat.

> Dafür eignen sich die folgenden Fragen:
>
> - Welche Funktion hatte dieser Glaubenssatz in Ihrem bisherigen Leben?
> - Was tut er Gutes für Sie?
> - Was stellt er sicher? Wovor schützt er Sie?
> - Was fehlt Ihnen, wenn Sie den Glaubenssatz nicht mehr haben?
> - Was können Sie nicht mehr tun, wenn Sie den Glaubenssatz nicht mehr haben?

Wenn es dem Klienten schwerfällt, die positive Absicht des Glaubenssatzes zu identifizieren, sollte der Coach „nicht locker" lassen. Der Coach kann mit eigenen Vorschlägen unterstützen, wenn er sicherstellt, dass der Klient nur die Ideen übernimmt, die zu ihm passen: *„Glaubenssätze sind oft ziemlich hartnäckig. Selbst wenn sie sich fest vornehmen, einen einschränkenden und belastenden Glaubenssatz loszuwerden, kann Widerspruch dazu führen, dass der Glaubenssatz gestärkt wird. Ein Grund dafür ist, dass Glaubenssätze ihrem Leben Stabilität und Halt geben. Sie haben ein bestimmtes Verhalten oft genug trainiert, und können ihre eigene Reaktion und die Reaktionen anderer Menschen vorhersehen. Ein erster Schritt, um einschränkende Glaubenssätze zu verändern, ist deshalb anzuerkennen, was dieser Glaubenssatz Gutes für sie getan hat und was er für sie sicherstellt."*

Jetzt geht es darum, auf eine spielerische Art und Weise neue Glaubenssätze zu finden. Im ersten Schritt sammelt der Klient möglichst viele alternative Glaubenssätze. Der Coach notiert die Ideen auf Moderationskarten. Im nächsten Schritt wählt der Klient aus. Dabei wird überprüft, ob im neuen Glaubenssatz die positive Absicht des alten Glaubenssatzes integriert ist und der neue Glaubenssatz wird ggf. umformuliert: *„Wenn sie jetzt einen Glaubenssatz entdecken, der an die Stelle des alten Glaubenssatzes treten kann, überprüfen sie, ob das Gute, die Vorzüge des alten Glaubenssatzes auch in den neuen Glaubenssatz integriert werden können. Das ist die wichtigste Voraussetzung dafür, dass der neue Glaubenssatz für sie wirksam werden kann."*

Am Ende des Coachings sollte sichergestellt werden, dass der neue Glaubenssatz in das Leben des Klienten integriert werden kann. Mögliche Hürden können dann bereits aus dem Weg geräumt werden, der Transfer des Coachings kann so sichergestellt werden: *„Mit einem neuen Glaubenssatz wird sich ihr Verhalten ändern, ohne das sie das bewusst steuern. Das wird auch Auswirkungen auf ihre Umwelt haben, z. B. auf Kolleginnen und Kollegen, Eltern, Geschwister, Kinder, Partner und Freunde. Machen sie es ihrem neuen Glaubenssatz leicht, und überlegen sie: Wie reagiert meine Umwelt, wenn ich einen neuen Glaubenssatz lebe? und Was bedeutet das für mich?"*

3.5 Coaching-Tool: Den inneren Kritiker nutzen

Dieses Coaching-Tool eignet sich, um Situationen zu bearbeiten, in denen sich der Klient immer wieder selbst blockiert, sich abwertet, unter Druck setzt oder in Stress kommt. Dafür wird in diesem Coaching-Tool die Metapher des inneren Kritikers genutzt. In einem Rollenspiel kommt der Klient ins Gespräch mit seinem eigenen inneren Kritiker. Ziel ist es, den inneren Kritiker differenziert wahrzunehmen, seine positive Absicht zu erkennen und sich trotzdem abzugrenzen, wenn das notwendig ist.

Wenn sich der innere Kritiker zu Wort meldet, löst das beim Klient meistens negative Gefühle aus. Oft bezieht sich der innere Kritiker auch auf Glaubenssätze, die wirksam werden („Du kannst keine Mathematik, probier's erst gar nicht" oder „Das konntest Du schon als Kind nicht"). Insbesondere, wenn es sich um „typische Situationen" handelt, in die der Klient immer wieder gerät, hat das Tool auch diagnostischen Wert. Der Klient lernt, hinderliche Glaubenssätze zu identifizieren und zu hinterfragen. Diese Coaching-Übung können Sie für die Arbeit an hinderlichen Glaubenssätzen nutzen. Dabei übernehmen Sie als Coach zeitweise die Rolle des inneren Kritikers, können so einen humorvollen und leichten Umgang mit den inneren Kritiker nahelegen und den Klienten dabei unterstützen, die eigenen Glaubenssätze zu überdenken. Dabei sollten Sie in der Rolle des inneren Kritiker aber darauf achten, wertschätzend und vertrauensvoll zu bleiben, nicht sarkastisch argumentieren und dem inneren Kritiker (oder gar dem Klient) gegenüber nicht abwertend auftreten.

Worum geht es? – Den inneren Kritiker zu Wort kommen lassen Das Coaching-Tool eignet sich um Situationen zu verändern, in denen sich der Klient immer wieder selbst sabotiert, Erfolge nicht wahrnehmen und genießen kann, oder Herausforderungen aus lauter Angst vor dem Scheitern nicht angeht. Dabei ist es hilfreich, von einer beispielhaften Situation auszugehen, die der Klient in Bezug auf seinen Auftrag als anstrengend oder belastend erlebt. Dann kann zum Abschluss des Coachings überlegt werden, wie eine alternative Wahrnehmung der Situation oder eine alternative Verhaltensweise aussehen könnte.

Zuerst wird der innere Anteil benannt, um den es geht (z. B. „innerer Kritiker" oder „innerer Antreiber"). Hier geht es darum einen Namen zu finden, der für den Klienten passend ist und die Wahrnehmung des Klienten beschreibt: *„Haben sie Lust etwas auszuprobieren? Es geht darum in einem Rollenspiel, die Perspektive zu wechseln und ihren inneren Kritiker kennen zu lernen. Ich habe hier zwei Stühle für sie bereitgestellt, der erste Stuhl ist für ihren inneren Kritiker reserviert. Der zweite Stuhl ist ihr Stuhl. Sie können im Coaching mit ihrem inneren Kritiker ins Gespräch kommen, seine Absichten verstehen lernen und sich Reaktions-möglichkeiten erarbeiten."*

Rollenwechsel – Der Klient als innerer Kritiker Im zweiten Schritt nimmt der Klient auf dem Stuhl für den inneren Kritiker Platz und übernimmt dessen Rolle. Der Coach übernimmt die Rolle des Klienten. Dieser Perspektivenwechsel sollte gut vorbereitet und eingeleitet werden. Der Coach befragt in der Rolle des Klienten den inneren Kritiker: *„Mein lieber innerer Kritiker: Du machst mir das Leben manchmal ganz schön schwer. Ich möchte jetzt was verändern und dazu muss ich verstehen, was du für einer bist. Danke, dass du dir Zeit nimmst."*

In dieser Phase klären Sie als Coach gemeinsam mit dem Klienten, der die Rolle des inneren Kritikers übernommen hat:

- Welche Beweggründe hat der innere Kritiker?
- Welche Gedanken, Argumente, Vorschläge hat der innere Kritiker?
- Auf welche Lebensbereiche bezieht sich der innere Kritiker? In welchen Situationen wird er aktiv?
- Was genau hat er zu kritisieren?
- Welche Bewertungen oder Abwertungen nimmt der innere Kritiker vor?
- Wie hört er sich an, wie sieht er aus, wo im Körper macht er sich bemerkbar?
- Wie kommt der innere Kritiker auf seine Ideen?
- Welche Rolle spielte er früher, welche Rolle spielt er heute?

Es geht in diesem Schritt nicht darum, sich gegen den Kritiker zu wehren, Gegenargumente zu finden oder eine differenziertere Sichtweise einzunehmen. Das wird die Aufgabe des Klienten im nächsten Schritt sein. Der Coach nimmt in dieser Phase die Rolle des Fragenden ein und exploriert für den Klienten die Bedeutung und die Wirkweise des inneren Kritikers.

Wichtig ist: Der innere Kritiker verfolgt eine gute Absicht, z. B. den Klienten zu schützen. Im Coaching sollten negative innere Anteile deshalb nicht abgewertet oder ignoriert werden. Wenn der Klient hier drastische Worte findet und den inneren Kritiker „fertig macht", sollte der Coach intervenieren. Es geht darum, die gute Absicht dieses inneren Anteils zu erkennen und konstruktiv zu nutzen. Meistens haben solche negativen Anteile eine hohe psychologische Energie, lassen sich also nicht einfach ignorieren. Vielmehr gilt es, sie als Ressource zu nutzen und ihre Funktion ernst zu nehmen (z. B. Schutz oder Abgrenzung). Das gilt analog für andere innere Anteile, die der Klient als negativ empfindet, z. B. weil sie mit Angst oder Unzuverlässigkeit verbunden sind.

> Deshalb exploriert der Coach im Gespräch mit dem Klienten die gute Absicht des inneren Kritikers:
>
> - Welche positive Absicht verfolgst Du?
> - Was stellst Du sicher?
> - Wovor beschützt Du mich?
> - Wofür brauche ich Dich?
> - Was tust Du Gutes für mich?
> - Wobei hilfst Du mir?

Zunächst sollte dann kurz reflektiert werden, welche Erkenntnisse der Klient aus dem ersten Rollenwechsel mitnehmen konnte.

Zweiter Rollenwechsel – Der Coach als innerer Kritiker Dann findet ein zweiter Rollenwechsel statt. Der Coach übernimmt die Rolle des inneren Kritikers, der Klient spielt sich selbst. Damit der Perspektivenwechsel gelingt und der Klient nicht weiter in der Rolle des inneren Kritikers agiert, sollte das Wechseln der Stühle bewusst vorgenommen werden. Wenn der Coach die Rolle des inneren Kritikers übernimmt, bleibt er trotzdem immer wertschätzend. Der innere Kritiker sollte nicht herablassend oder verletzend gespielt werden. Auch wenn die Formulierungen verwendet werden, die der Klient zu Beginn selbst eingebracht hat, achtet der Coach darauf, die fürsorgliche Grundeinstellung des inneren Antreibers oder Kritikers zu betonen. Der innere Antreiber oder Kritiker darf humorvoll und leicht dargestellt werden, sollte aber nicht albern, zynisch oder sarkastisch werden. Der Klient befragt den inneren Kritiker und sucht nach Gegenargumenten. Der Coach in der Rolle des inneren Kritikers fordert den Klient heraus und gibt die zu Beginn vom Klienten genannten Argumente wider. Ziel ist, den Klient zu ermutigen, sich mit dem inneren Kritiker auseinander zu setzen, ihn in die Schranken zu weisen und zu einer differenzierteren Sichtweise zu gelangen.

Oft wird dann klar, dass negative innere Anteile in einer bestimmten Phase im Leben oder in einer Situation eine bedeutsame Rolle gespielt haben, z. B. den Klienten vor Demütigungen, Überforderungen oder Trauer geschützt haben. Dann kann es hilfreich sein, die Bedeutung der negativen inneren Anteile für die Vergangenheit wertschätzend wahrzunehmen, und sich „bei den inneren Anteilen zu bedanken", und gleichzeitig zu entscheiden, dass sie für die Zukunft eine andere, neue Rolle übernehmen sollen. Der Coach stellt sicher, dass im Lauf des Gesprächs auch die positive Absicht des Kritikers wahrgenommen und gewürdigt wird. Dann kann der Coach in der Rolle des inneren Kritikers mit dem Klient in Verhandlungen treten, und alternative Herangehensweisen überlegen.

Wenn notwendig kann das Gespräch jederzeit unterbrochen werden, um den bisherigen Verlauf zu reflektieren und das weitere Vorgehen zu überlegen. Dabei sollte der Wechsel zwischen dem Rollenspiel und der Reflexion über das Rollenspiel bewusst und klar gestaltet werden. Zum Schluss wird der gesamte Prozess reflektiert. Dabei kann der Coach die zentralen Ideen und Strategien zusammenfassen, die der Klient während des Rollenspiels identifiziert hat. Ziel ist, dass der Klient den differenzierten Umgang mit dem inneren Kritiker als wertvoll und zielführend erlebt und daraus die Strategie ableitet, die positive Absicht des inneren Kritikers konstruktiv nutzen zu können.

Selbstkonzept und Rollenbilder 4

Aus Rollen und den damit verbundenen Erwartungen können sich Glaubenssätze ergeben. Eine Methode um Glaubenssätze zu identifizieren ist deshalb, die Rollen des Klienten und die damit verbundenen Erwartungen zu reflektieren. Der Begriff Rolle stammt aus dem Theater. Schauspielerinnen und Schauspieler spielen eine Rolle. Sie stellen eine Figur dar, indem sie deren Verhalten übernehmen und gestalten. In der Sozialpsychologie wird der Begriff Rolle oder soziale Rolle verwendet, um eine bestimmte Position, einen bestimmten Status oder ein Verhaltensmodell zu beschreiben. Rollen sind vom sozialen Umfeld, bzw. von der Gesellschaft als Ganzes abhängig. Mit einer Rolle sind bestimmte Erwartungen an Verhalten, Handlungen und Werte verbunden. Aus diesen Rollenerwartungen ergeben sich Spielräume, in denen sich die Person, die eine Rolle innehat, bewegen kann. Rollen bewegen sich immer im Spannungsverhältnis zwischen gesellschaftlichen Erwartungen an die Rolle und dem individuellen Gestalten der Rolle. Gesellschaftliche Erwartungen an die Rolle müssen von der Person, die sich in der Rolle befindet, erlernt, verinnerlicht und ausgefüllt werden. Gleichzeitig möchte die Person, welche die Rolle innehat, einen eigenen Weg finden, die eigene Rolle zu gestalten. Rollen sind abhängig vom Kontext. Menschen haben immer mehrere Rollen, die sich auch widersprechen können. So kann eine Frau z. B. einerseits die Rolle liebevolle Mutter und andererseits die Rolle erfolgsorientierte Vorgesetzte haben, oder z. B. ein Mann einerseits die Rolle sensibler Ehemann anderseits die Rolle harter Verhandlungspartner haben. Rollen und die Art und Weise, wie Menschen ihre Rollen ausfüllen, ändern sich über die Zeit. Sie entwickeln sich und das Verständnis der eigenen Rollen weiter, oder passen die eigene Rolle an veränderte Bedingungen in der Umwelt an.

© Springer Fachmedien Wiesbaden 2016

J. Moskaliuk, *Leistungsblockaden verstehen und verändern*, essentials,

DOI 10.1007/978-3-658-13405-1_4

4.1   Rollen und Glaubenssätze

Was haben Rollen mit Glaubenssätze zu tun? Rollen, die damit verbundenen gesellschaftlichen Anforderungen an die Rolle und eigene Vorstellungen, wie die Rolle ausgefüllt werden soll, beeinflussen Glaubenssätze. Das wird insbesondere dann deutlich, wenn sich für den Klienten eine neue Rolle ergibt. So wird z. B. eine Mitarbeiterin, die zur Abteilungsleiterin befördert wird, sich neu mit den Erwartungen auseinandersetzen müssen, die an eine Führungskraft gestellt werden. Dann könnte der Glaubenssatz „In stressigen Situationen fällt mir nichts mehr ein." eine größere Bedeutung bekommen, als das bisher der Fall war. Ein Glaubenssatz, den ein Klient hat, ist nicht immer und überall gleich wirksam. Es hängt von der aktuellen Rolle und dem aktuellen Kontext ab, welche Bedeutung ein Glaubenssatz für den Klient hat. Gleichzeitig sind Glaubenssätze aber relativ stabil. Deshalb können Glaubenssätze für eine Rolle hilfreich und unterstützend sein, für eine andere Rolle einschränkend und belastend. Für die Rolle harter Verhandlungspartner kann der Glaubenssatz „Ein Indianer kennt keinen Schmerz!" eine Person vielleicht unterstützen, leistungsfähig und erfolgreich zu sein. Für eine andere Rolle kann dieser Glaubenssatz dazu führen, dass dieselbe Person nur unzureichend auf die eigene Gesundheit achtet. Glaubenssätze haben für unterschiedliche Rollen also unterschiedliche Auswirkungen. Es geht nicht um die Frage, ob ein Glaubenssatz gut oder schlecht, richtig oder falsch ist. Wichtig ist, ob ein Glaubenssatz den Klient dabei unterstützt, ein bestimmtes Ziel zu erreichen oder eine Rolle so zu leben, wie er das möchte – oder ihn behindert.

4.2   Coaching-Übung: Meine Vorbilder

Die eigenen Rollen und die damit verbundenen Glaubenssätze zu kennen und immer wieder zu reflektieren ist wichtig, um transparent und mit Fokus auf Ihre Klienten oder Mitarbeitende kommunizieren zu können. Außerdem unterstützt die Reflexion der eigenen Glaubenssätze als Führungskraft auch mit anstrengenden und stressigen Situationen souverän umzugehen. Wenn Sie sich mit eigenen Erwartungen an sich selbst und Ihren Vorbildern auseinandersetzen, und den damit verbunden Glaubenssätze, verstehen Sie sich selbst und Ihre eigenes Verhalten besser. Denn Glaubenssätze werden davon beeinflusst, welche Rollenvorbilder eine Person hat und welche Eigenschaften, Fähigkeiten und Verhaltensweisen diesen Vorbildern zugeschrieben werden. Vorbilder können Eltern,

Großeltern, Geschwister, Lehrerpersonen oder andere wichtige Personen für das Leben einer Person sein. Auch Vorbilder, die eine Person aus Filmen, Büchern oder Erzählungen kennen, haben großen Einfluss darauf, wie eigene Rollen gelebt werden und welche Glaubenssätze wirksam werden.

In dieser Coaching-Übung geht es darum, Ihre eigenen Rollen, Ihre Vorbilder und die damit verbundenen Glaubenssätze zu reflektieren. Machen Sie sich Notizen zu den folgenden Fragen. Vielleicht haben Sie auch die Möglichkeit, sich mit anderen darüber auszutauschen.

Rollen
- Welche Rollen übernehmen sie in ihrem Leben?
- Welche beruflichen Rollen, welche familiären Rollen haben sie?
- Welche Rollen sind gerade neu für sie?
- In Bezug auf welche Rolle gab es in der letzten Zeit eine Veränderung?
- Welche Rollen füllen sie gerne aus?
- Welche Rollen bereiten ihnen Schwierigkeiten?

Vorbilder
- Welche Vorbilder haben sie?
- Was fasziniert sie an ihrem Vorbild?
- Ich möchte auf keinen Fall werden wie …
- Für wen möchte sie ein Vorbild sein?
- In Bezug auf ihren Beruf als […] – welche Vorbilder habe sie?
- Welche Vorbilder für ihre Rolle als Coach haben sie?

Glaubenssätze
- Welche Glaubenssätze haben sie von ihren Vorbildern übernommen?
- Welche Glaubenssätze sind förderlich? Welche eher hinderlich?
- Welche ihrer Glaubenssätze sind für eine ihrer Rollen besonders wichtig?
- Wo passen Glaubenssätze aus einer Rolle nicht zum Verhalten, das sie in einer anderen Rolle benötigen?
- Welche Glaubenssätze haben sie von ihren Vorbildern übernommen?
- Welche Glaubenssätze sind für ihre Rollen zentral?
- Welche Glaubenssätze unterstützen sie dabei, eine Rolle zu gestalten?
- Welche Werte verhindern, dass sie bestimmte Rollen leben?

Methoden aus dem lösungsfokussierten Coaching

5

Der Fokus auf die Lösung (statt auf die Ursachen eines Problems oder die Entstehungsgeschichte) gehört für viele Coachs zu Grundlage der eigenen Arbeit. Aus dieser Haltung ergeben sich konkrete Strategien für das Coaching. Das lösungsorientierte Coaching geht auf die *solution focused therapy* (lösungsfokussierte Kurztherapie) zurück, die von Steve de Shazer und Insoo Kim Berg entwickelt wurde. Als Weiterentwicklung der Gesprächstherapie handelt es sich um einen Ansatz für die Familientherapie, der in der Folge in unterschiedlichen Kontexten angewendet und adaptiert wurde. Die zentrale Idee des lösungsorientierten Coachings ist, den Fokus auf Wünsche, Ziele und Ressourcen zu legen, statt nur auf ein Problem, dessen Ursache und Entstehung. Das lösungsorientierte Coaching ist dabei eine Grundhaltung, bei der die Verantwortung für die Lösung eines Problems in jeder Situation beim Klient selbst gesehen wird. Damit verbunden ist die Überzeugung, dass der Klient alle für eine Lösung notwendigen Ressourcen bereits in sich trägt und diese nur entdecken und nutzen muss. Auf dieser Grundlage lassen sich die drei folgenden zentrale Ideen des lösungsorientierten Coachings beschreiben.

Frage nach dem Unterschied! Durch gezieltes Fragen wird die Aufmerksamkeit des Klient auf Situationen gelenkt, in denen eine unerwünschte Verhaltensweise, ein Problem oder ein Symptom nicht aufgetreten ist. Das kann dazu beitragen, dass der Klient die Variabilität des eigenen Verhaltens entdeckt, und den Einfluss bestimmter Situationen (oder anderer Personen) auf eigenes Wahrnehmen, Erleben und Verhalten genauer betrachtet. Das erlaubt, neue Verhaltensoptionen zu entdecken. Damit verbunden ist auch die Überzeugung, dass bereits kleine Veränderungen innerhalb eines Systems große Auswirkungen haben können und Ausnahmen immer einen Hinweis auf mögliche Lösungen geben.

© Springer Fachmedien Wiesbaden 2016
J. Moskaliuk, *Leistungsblockaden verstehen und verändern*, essentials,
DOI 10.1007/978-3-658-13405-1_5

Nutze, was da ist! Das lösungsorientierte Coaching fokussiert auf die Ressourcen, die einem Klient zu Verfügung stehen. Deshalb wird der Klient als Experte für das eigene Anliegen (und das eigene Leben) ernst genommen. Der Klient weiß selbst und kann einschätzen, was funktioniert und zielführend ist. Es geht darum, die Fähigkeiten und Kompetenzen, die ein Klient bereits hat, für Veränderungen zu nutzen und um alternative Verhaltensweisen auszuprobieren. Auch andere Personen im Umfeld des Klienten sind Ressourcen, die genutzt werden können.

Finde heraus, was gut funktioniert! Im lösungsorientierte Coaching geht es darum, pragmatisch und kreativ mögliche Handlungsoptionen zu entdecken. Dahinter steht die Erfahrung, dass es aufwendig und anstrengend ist, ein Problem zu bekämpfen, eine Verhaltensweise aufzugeben oder etwas zu verhindern. Leichter fällt es, etwas Neues auszuprobieren und mögliche Alternativen durchzuspielen. Der Fokus liegt hier auf dem, was in der Gegenwart funktioniert. Daraus werden Strategien für die Zukunft abgeleitet. Statt die Ursache des Problems genau zu analysieren gilt die Idee: Wenn etwas nicht funktioniert, probiere etwas anders. Es wird nicht hinterfragt, warum eine Intervention nicht funktioniert hat, eine Idee für den Klient nicht passend war, oder eine Lösungsstrategie nicht erfolgreich war.

5.1   Sprache und Glaubenssätze

Sprache eignet sich um Glaubenssätze zu identifizieren. In der Art und Weise wie Menschen über die Welt denken und sprechen, werden die dahinterliegende Glaubenssätze deutlich. Insbesondere Verallgemeinerungen deuten auf Glaubenssätze hin. Mithilfe der Sprache drücken Menschen ihre innere Gedankenwelt aus. Die Grundannahme ist: Sprache ist die Übersetzung von inneren Prozessen nach Außen. Weil Sender und Empfänger über unterschiedliche Wirklichkeiten verfügen, muss ein Empfänger übersetzen, was ein Sender sagt. Es gibt zwei Ebenen der Sprache: Zum einen die Tiefenstruktur des Gesagten, die eigentliche Bedeutung eines Satzes mit den enthaltenen Informationen, zum anderen die Oberflächenstruktur, den gesprochenen Satz. Auf Grundlage der Oberflächenstruktur muss der Empfänger die Tiefenstruktur interpretieren, die Bedeutung des Satzes und das vom Sender Gemeinte verstehen. Sprache ist immer eine verkürzte Darstellung innerer Prozesse (Wahrnehmen, Denken, Fühlen), und nie eine vollständige Wiedergabe der Tiefenstruktur. Diese Transformation von Tiefen- zu Oberflächenstruktur ist ein komplexer Vorgang, bei dem viele unterschiedliche Prozesse eine Rolle spielen. Das Gesagt repräsentiert als immer nur nur einen kleinen Teil des inneren Erlebens.

Sprache ist also immer eine verkürzte Form dessen, was ein Mensch tatsächlich meint, erlebt und glaubt. Um das Bild des Klienten von der Welt zu entdecken, ist es deshalb notwendig, genau auf dessen Sprache zu achten. In der verkürzten Form, in der er über sich und seine Welt spricht, werden seine Glaubenssätze deutlich.

5.2 Verallgemeinerungen

Die häufigste Sprachform, die auf Glaubenssätze hindeutet, sind Verallgemeinerungen.

Haben Sie einen der folgenden Sätze im Ohr?

- Gute Mädchen kommen in den Himmel.
- Ein Indianer kennt keinen Schmerz.
- Ich mache immer alles falsch.
- Alle Männer wollen nur das eine.
- Wer A sagt, muss auch B sagen.
- Es ist besser, nicht so vorlaut zu sein.

> ▶ **Coaching-Übung:** Notieren Sie sich Sprichwörter, Redensarten, Formulierungen, die auf Glaubenssätze hindeuten. Welche dieser Sätze beeinflussen Sie in Ihre Rolle als Führungskraft?

Für diese Form der Verallgemeinerung gibt es bestimmte Schlüsselwörter wie z. B. immer, alle, nie, keiner, jeder, ewig, sollen, müssen, nicht dürfen. Diese Wörter sind ein Hinweis darauf, dass hinter einem Satz eine Verallgemeinerung steht. Den Prozess der Verallgemeinerung bezieht sich auf Sätze wie „Ich mache immer alles falsch!" oder „Nie hörst du mir zu!". Für diese Sätze gibt es bestimmte Schlüsselwörter. Zum einen sind das **Modalverben** wie können, müssen, sollen oder dürfen. Werden diese Verben verwendet, dann wird in der Regel etwas als notwendig beschrieben oder die individuellen Wahlmöglichkeiten einer Person eingeschränkt, ohne zu begründen, warum. Zum anderen sind Begriffe wie **immer, nie, keiner** oder **niemand** Schlüsselwörter, die auf Verallgemeinerungen hindeuten. Hierbei wird eine einzelne Erfahrung, z. B. eine erlebte Situation, oder das Verhalten einer Person als immer und überall geltend beschrieben.

Es gibt noch eine weitere Form der Verallgemeinerung, der sogenannte **verlorene Performativ.** Der Begriff Performativ stammt aus der Sprechakttheorie. Diese Theorie beschreibt Sprache nicht nur als Möglichkeit Sachverhalte zu beschreiben oder Aussagen zu machen, sondern auch als Möglichkeit,

Handlungen (Akte) zu vollziehen. Im Satz: „Vorsicht bissiger Hund!" steckt eine Handlung, nämlich das „Warnen" oder „Abschrecken". Bei einem expliziten Sprechakt („Ich glaube, dass es besser ist keine Gefühle zu zeigen.") ist eindeutig, wer die handelnde Person ist. Bei einem impliziten Sprechakt („Es ist besser keine Gefühle zu zeigen.") wird nicht sofort klar, wer die handelnde Person ist. Bei diesem verlorenen Performativ „geht die Person verloren", die handelt oder ein Urteil formuliert. Das bedeutet: Es wird für den Zuhörenden weniger deutlich, wer die handelnde Person ist. Deshalb passiert es bei impliziten Sprechakten viel schneller, dass die Zuhörenden die Aussage als wahr ansehen und nicht hinterfragen.

5.3   Verzerrungen und Tilgungen

Verzerrungen deuten ebenfalls auf Glaubenssätze hin. Hinweiswörter auf solche Verzerrungen sind Begriffe wie **weil, der Grund für, verursachen, schuld sein**. Um eine Verzerrung handelt es sich, wenn ein kausaler Zusammenhang zwischen zwei Aspekten hergestellt wird, der nicht überprüft wird oder nicht überprüft werden kann.

Diese Verzerrungen erkennen Sie, wenn Ihr Klient

- Zusammenhänge zwischen zwei Aspekten herstellt, die nicht notwendigerweise bestehen („Ich bin schuld an seinem Tod.", „Wegen mir fühlt sie sich schlecht."),
- Vermutungen über die Gedanken oder das Verhalten anderer Menschen äußert, die nicht überprüft sind („Mein Kollege kann mich nicht leiden", „Er sollte mich verstehen.", „Er liebt mich nicht mehr, sonst würde er mal Blumen mitbringen"),
- Vorannahmen macht, die im Gespräch nicht geklärt wurden („Du bist wie deine Mutter!").

Tilgungen verzerren ebenfalls, indem sie

- Informationen weglassen („Ich bin gescheitert!"),
- unspezifischen Begriffe oder Nominalisierungen verwenden („Ich bin ein Loser!") oder
- die Bezugs- oder Vergleichsgröße nicht benennen („Ich bin einfach der Schlechteste!").

5.4   Glaubenssätze hinterfragen

Verallgemeinerungen, Verzerrungen und Tilgungen deuten darauf hin, dass bei der Transformation von der Tiefen- zur Oberflächenstruktur Informationen verloren gegangen sind. Es fehlen Informationen, die für das Verständnis der inneren Prozesse einer Person wesentlich sind. Gleichzeitig sind die Sätze, die ich oben beschrieben habe, ein Hinweis auf die Glaubenssätze einer Person. In den Formulierungen wird deutlich, welche Annahmen, Glaubenssätze und Meinungen eine Person über sich selbst, andere Menschen und die Welt um sie herum hat. Diese Sätze sind deshalb ein Anlass, nachzufragen. Dazu können Sie systemische Fragen nutzen, die ich Ihnen im Kap. 6 vorstelle. Diese Fragen führen dazu, dass Ihr Klient oder Mitarbeiter eigene innere Prozesse genauer versteht und eigene Annahmen und Meinungen infrage stellt. Auf Verallgemeinerungen, Verzerrungen und Tilgungen zu achten, ist ein erster Schritt, um Glaubenssätze zu verändern. Es geht darum, die Transformation von der Tiefenstruktur zur Oberflächenstruktur zu verstehen. Durch das Hinterfragen entdeckt Ihr Klient Hinweise auf die eigene Tiefenstruktur, also die individuelle, subjektive Wirklichkeit. Für das Hinterfragen von Glaubenssätzen können Sie z. B. die folgenden Sätze nutzen:

Verallgemeinerungen
- Was passiert, wenn Sie das nicht tun?
- Wirklich alle?
- Wirklich immer?
- Woher wissen Sie das?

Verzerrungen
- Woher wissen Sie das?
- Warum glauben Sie das?
- Welches Verhalten genau führt dazu?

Tilgungen
- Wer sagt das?
- Wie genau sieht das aus?
- Im Vergleich zu was?
- Was genau?

▶ **Coaching-Übung:** Glaubenssätze hinterfragen
Mit welchen Fragen könnten Sie die folgenden Aussagen hinterfragen?

- Ich muss mich einfach um alles kümmern.
- Jugendliche sind frech und ungezogen.
- Du bist immer so ungerecht.
- Das macht mich wahnsinnig.
- Du bist genauso faul wie deine Mutter!
- Das ist mir einfach zu teuer!
- Ich freue mich!
- Ich bin einfach zu dumm dazu.
- Mathe war schon immer ein rotes Tuch für mich.

Systemische Fragen: Kommunikationsstrategien zur Veränderung von Leistungsblockaden

6

Eine zentrale Strategie zum Umgang mit Glaubenssätzen sind systemischen Fragen. Diese Fragen können zum einem Fokus auf die Lösung führen. Fragen nach bisherigen Lösungsmöglichkeiten oder Ausnahmen lenken den Fokus auf Ressourcen, die der Coach zur Verfügung hat. Einen Überblick finden Sie im Springer Essential von Patrzek (2015). Fragen Sie z. B.

- Wann (wie lange, wie oft, wo, mit wem, in welchem Kontext …) ist [das Problem] nicht aufgetreten?
- Was haben Sie anders gemacht, als [das Problem] nicht aufgetreten ist.
- Was können Sie davon übernehmen?

Fragen z. B. zum konkreten Verhalten stellen indirekt Glaubenssätze infrage. Sie können die verallgemeinernden Sätze mit einem einfach „Wirklich?" infrage stellen. Das regt den Klient an, die eigenen Glaubenssätze zu reflektieren.

- Wirklich alle guten Mädchen?
- Wirklich gar keinen Schmerz?
- Wirklich alles? Habe ich noch nie etwas richtig gemacht?
- Wirklich alle? Gibt es keinen Mann, der etwas anderes will?
- Wirklich? Was passiert, wenn ich nicht B sage?
- Wirklich? In allen Situationen?

© Springer Fachmedien Wiesbaden 2016

J. Moskaliuk, *Leistungsblockaden verstehen und verändern*, essentials,

DOI 10.1007/978-3-658-13405-1_6

6.1 Was systemische Fragen können

Systemische Fragen zielen nicht nur darauf ab, Informationen zu erfragen, sondern können gleichzeitig neue Sichtweisen, Perspektiven und Lösungsmöglichkeiten anregen. Sie beziehen dafür „das ganze System" mit ein. Systemische Fragen haben das Ziel, hinter das Problem zu blicken und neue überraschende Lösungen anzuregen. Die Fragen zielen ab auf:

- etablierte und festgefahrene Sichtweisen
- Ansichten, Einstellungen und Erwartungen anderer Personen
- Wechselwirkungen und Zusammenhänge
- Hintergründe und verborgene Motivation
- Gefühle und Wirklichkeitskonstruktionen
- vorhandene Ressourcen
- Lösungsversuche und Gedankenexperimente

Die Idee dabei: Durch das systemische Fragen werden nicht nur Informationen „abgefragt", die dem Klienten oder Mitarbeiter bereits bekannt sind. Durch das Fragen werden auch neue Einsichten und Überlegungen „erzeugt" oder „konstruiert". Systemisches Fragen gehört zu einer professionellen und zielorientierten Gesprächsführung und ist gleichzeitig bereits eine wirksame Interventions-Methode. Das bedeutet aber auch: Systemisches Fragen macht aus einem Gespräch mehr als ein „normales Gespräch". Auch deshalb ist es wichtig, dass Sie vor dem systemischen Fragen Ihre Rolle klären und das Einverständnis Ihres Klienten einholen.

Systemische Fragen haben nicht das Ziel, Fakten und Tatsachen zu erfragen. Sie sind nicht in erster Linie dazu gedacht, Ihnen als Coach Informationen über den Klienten und das Thema zu geben, sondern den Klienten zum Nachdenken anzuregen. Wenn Sie als Führungskraft systemische Fragen „ohne Ankündigung" anwenden, kann das dazu führen, dass sich Ihr Gesprächspartner oder Ihre Gesprächspartnerin bedrängt oder verhört fühlt. Machen Sie deshalb transparent, welche Funktion Ihre Fragen haben: *„Ich möchte gerne genauer verstehen, um was es hier geht. Deshalb werde ich Ihnen noch einige Fragen zu den Details stellen."* Oder *„Vielleicht werden Sie sich gleich wundern, was ich für merkwürdige Fragen an Sie stelle. Dann erinnern Sie sich daran: Mein Ziel ist, gemeinsam, neue Ideen zu entwickeln!"* oder *„Mich interessieren Die Hintergründe. Deshalb habe ich noch einige weiterführende Fragen zu Ihrer persönlichen Meinung und Einschätzung an Sie."*

6.2   Systemische Ebenen und Systemische Ressourcen

Es gibt zahlreiche unterschiedliche Klassifikationsvorschläge für systemische Fragetypen. Ich stelle Ihnen hier eine vereinfachte Klassifikation auf Basis drei systemischer Ebenen (Verhalten, Kontext und Interaktion) und drei systemischer Ressourcen (bisheriger Lösungsversuche, Möglichkeiten, implizite Theorien) vor.

Verhalten (Operationalisierung) Eine Eigenschaft, ein Problem, das Verhalten des Klienten oder einer anderen Person wird konkretisiert. Von einem allgemeinen Konstrukt (Angst vor dem Telefonat) wird auf konkretes Verhalten („Ich vermeide, mit diesem Kunden zu telefonieren.", „Ich schreibe lieber eine E-Mail." oder „Ich fange an zu stottern.") operationalisiert.

- Wenn Sie Angst haben, woran merken Sie es zuerst?
- Wenn Sie Ihr Verhalten filmen, was würden Sie sehen?
- Was ist ein konkretes Beispiel für das Verhalten Ihres Chefs?
- Woran erkennen Sie, dass Ihre Mitarbeiter Sie nicht ernst nehmen?

Kontext Diese Fragen zielen auf den Kontext, das System, das Umfeld, in dem ein bestimmtes Verhalten oder eine Eigenschaft auftritt.

- Was müssten Sie tun, damit alles so bleibt, wie es ist?
- Wenn das Coaching erfolgreich ist, wer wird eine Veränderung bemerken?*
- Warum möchten Sie gerade jetzt mit dem Coaching beginnen?*
- Wann zeigt sich XYZ besonders?
- In welchem Kontext ist es am stärksten?
- Wann empfinden Sie diese Eigenschaft als besonders belastend?

Interaktion Hier stehen andere Personen im Vordergrund und die Kommunikation bzw. Interaktion innerhalb eines Kontextes. Die Bereiche Kontext und Interaktion sind nicht trennscharf, die Unterscheidung hilft Ihnen aber, den Kontext nicht nur als „passiv" wirkend zu erfragen, sondern auch auf das Verhalten des Klienten innerhalb des Kontextes zu achten.

- Wenn das Coaching erfolgreich ist, wer profitiert noch davon?
- Wie reagiert Ihr Chef, wenn Sie XYZ tun?
- Woran merkt Ihr Partner, dass sich XYZ verändert hat?
- Wie reagieren Sie auf die unangenehme Art Ihres Chefs, wenn Ihr Thema geklärt ist?

Bisherige Lösungsversuche (Historisierung) Es stehen zunächst bisherige Lösungsversuche im Vordergrund. Hier kann exploriert werden, welche Ressourcen „noch fehlen", es geht aber auch um die Würdigung bisheriger Anstrengungen und das Entdecken verborgener Ressourcen. Dabei können sich Lösungen auf alle drei systemischen Ebenen beziehen: Verhalten, Kontext und Interaktion.

- Was haben Sie bis jetzt versucht?
- Wann gibt es Ausnahmen? Wann ist das Problem nicht aufgetreten?
- Warum haben bisherige Versuche nicht zur Lösung geführt?
- Was hat bis jetzt am meisten gebracht, was am wenigsten?

Möglichkeiten (Futurisierung) Hier geht es um die Zukunft, der Fokus liegt auf der Lösung. Hier „konstruiert" der Klient Möglichkeiten: Wie könnte es sein, wenn …

- Woran würden Sie erkennen, dass das Problem gelöst ist?
- Wie würden Sie sich verhalten, wenn Sie die Eigenschaft nicht mehr hätten?
- Was wäre wenn …
- Gesetzt den Fall, …

Implizite Theorien Viele Menschen, die zu einem Coaching kommen, haben sich schon lange mit ihrer Frage, ihrem Anliegen, ihrem Problem auseinandergesetzt. Meistens haben sie auch bereits eigene Erklärungsansätze entwickelt, oder Erklärungen/Empfehlungen anderer (Freunde, Bekannte, Experten, Ratgeberliteratur) gehört. Das Nachfragen nach impliziten Theorien macht diese für Sie als Coach transparent und regt gleichzeitig das Nachdenken an.

- Wie erklären Sie sich Ihr Verhalten?
- Wie erklären Sie sich die Reaktion Ihres Umfeldes?
- Was glauben Sie, warum ist das so?
- Was ist Ihre Theorie zu diesem Verhalten?

Verschlimmerungsfragen Eine weitere systemische Fragetechnik sind Fragen, die indirekt auf Ressourcen des Klienten abzielen. Die Idee: Wer weiß, was getan werden muss, um ein Problem schlimmer zu machen, weiß auch, was er tun müsste, um es zu verändern.

- Mal angenommen, Sie wollten sich noch mehr Stress machen, was müssten Sie tun?
- Was müssten Sie tun, damit alles noch schlimmer wird?
- Wie müssten Sie sich verhalten, damit alles so bleibt, wie es ist?

6.3 Zirkuläre Fragen

Ziel von zirkulären Fragen ist es, beim Klienten einen Perspektivenwechsel anzuregen. Es geht darum, Wünsche, Bedürfnisse, Meinungen, Beziehungen, Gefühle, Erwartungen und Enttäuschungen anderer Personen in einem System wahrzunehmen und zu verstehen. Die Methode geht auf die „Mailänder Schule" um Mara Selvini Palazzoli zurück, und wurde im Kontext der Familien- und Paarberatung entwickelt (Selvini et al. 1981). Ziel war es, die Psychoanalyse um moderne kommunikationstheoretische Ansätze zu erweitern. Zirkuläre Fragen sind eine Sonderform des systemischen Fragens. Manche Lehrbücher unterscheiden nicht zwischen systemischen Fragen und zirkulären Fragen. Die zentrale Idee des systemischen Coachings und der zirkulären Fragen lautet: Alles hängt mit allem zusammen. Es gibt also keine Kausalbeziehungen, die Zusammenhänge in der Art „A führt zu B" festlegen. Das gilt für Verhalten im Allgemeinen und Kommunikation im Besonderen. Ein zirkuläres System lebt von Rückkopplungen. Ähnlich wie in einem technischen Regelkreis führt eine Veränderung zu einem Feedback, das dann weitere Veränderungen oder Korrekturen bedingt. Für Kommunikation bedeutet das: Eine Äußerung regt eine andere Äußerung an, die dann wiederum zu weiteren Äußerungen führt. Die möglichen Ursachen und Wirkungen sind dabei immer vielfältig und bedingen sich gegenseitig. Dazu kommt, dass Menschen sich immer auf Basis eigener Erwartungen, Vorstellungen und Wünsche verhalten. Menschen machen sich immer ein Bild von sich selbst, den anderen und der Situation. Das beeinflusst wiederum die Kommunikation.

Zirkuläre Fragen machen diese Wechselwirkungen deutlich und regen an, sich vom eigenen Ursache-Wirkungs-Modell zu lösen und komplexere Zusammenhänge zu denken und zu erleben. Damit wird das eigene (Kommunikations-)Verhalten nicht mehr nur als Reaktion auf das Verhalten anderer beschrieben, und damit ein bestehendes Interaktionsmuster infrage gestellt. Mit zirkulären Fragen werden Wirkungsbeziehungen nicht direkt erfragt, sondern es wird eine Außenperspektive eingenommen, die fremde Sichtweisen herausfordert. Das kann neue Handlungsmöglichkeiten aufzeigen.

Beispiele für zirkuläre Fragen

- Was würde wohl Ihre Kollegin zu der der Situation sagen?
- Was glauben Sie, was würde Ihre Führungskraft sagen, wenn Sie das tun würden?
- Wenn ich Ihre Kollegin frage, was sie über das Verhalten ihrer Führungskraft denkt, was würde sie antworten?
- Wie würde wohl ein Kunde die Situation einschätzen?
- Wenn ich Ihren Kollegen fragen würde, was er denkt, warum sich Ihr Mitarbeiter Ihnen gegenüber so verhält, was würde er sagen?
- Stellen Sie sich vor, eine Fliege an der Wand hätte Ihr Gespräch gehört. Wie würde sie die Situation beurteilen?
- Was vermuten Sie, wie wohl Ihr Vorgänger mit der Situation umgegangen wäre?
- Wie würde wohl Ihre Partnerin die Situation einschätzen?
- Wie würde Ihr Sohn Ihr Verhalten beschreiben?

▶ **Coaching-Übung:** Denken Sie an eine konkrete Konflikt-Situation aus Ihrem eigenen beruflichen Umfeld. Welche zirkulären Fragen hätte wohl ein systemischer Coach zu dieser Situation an Sie gestellt?

6.4   Reframing als Kommunikationsstrategie

Jeder Mensch konstruiert seine eigene Wirklichkeit. Das ist eine zentrale Annahme des systemischen Coachings und eine wichtige Erkenntnis für die Arbeit an hinderlichen Glaubenssätzen. Das bedeutet: Die Ursachen, die ein Klient für das eigene Verhalten und das Verhalten anderer Menschen annimmt, sind immer subjektiv und vom jeweiligen Standpunkt abhängig. In Bezug auf andere Menschen ist das einleuchtend. Ihr Klient kann schließlich nicht wissen, ob das, was er über Andere und deren Verhalten denkt, tatsächlich wahr und richtig ist. Die gleiche Idee gilt aber auch für das eigene Verhalten. Die Frage, wie der Klient das eigene Verhalten bewertet und welche Ursachen er dafür finde, hängt vom eigenen Standpunkt ab. Es geht um den Rahmen, die Klienten verwendet um eigenes Verhalten zu betrachten und zu bewerten. Denn der Klient hat die Möglichkeiten, diesen Rahmen zu verändern. Im Coaching können Sie Ihre Klienten oder Mitarbeitenden dabei unterstützen, eine alternative Sicht auf die eigene

Person und das eigene Verhalten einzunehmen und einen neuen Rahmen zu finden. Der Fachbegriff dafür im systemischen Coaching heißt Reframing. Es gibt zwei Möglichkeiten, einen neuen Rahmen zu finden.

Kontext-Reframing Fast jedes Verhalten, ist in einem bestimmten Kontext sinnvoll. Problematisch wird es, wenn ein Verhalten in einem Kontext aufritt, zu dem es nicht passt. Wenn Ihr Klient z. B. ein ängstlicher Mensch ist, dann kann ihn das in gefährlichen Situationen dabei unterstützen, Gefahren zu erkennen und zu verhindern. Wenn er allerdings Angst hat, eine größere Straße zu überqueren, dann schränkt ihn dieses Verhalten extrem ein, wenn er in einer größeren Stadt wohnt. Kontext-Reframing bedeutet: Der Klient überlegt sich, in welchem Kontext sein Verhalten sinnvoll und hilfreich ist, und in welchen nicht. Ziel ist, die gute Absicht hinter einem Verhalten zu erkennen und gleichzeitig im Bezug auf das eigene Erleben und Verhalten flexibel und angepasst an den Kontext zu bleiben.

Bedeutungs-Reframing Hier sucht Ihr Klient nach einer neuen, passenderen Bedeutung für ein bestimmtes Verhalten. Wenn sich der Klient z. B. darüber ärgert, dass er sich in schwierigen Situationen nicht entscheiden kann und alle Möglichkeiten ausführlich abwägt, dann könnte eine neue Bedeutung sein: Ich möchte sicher sein, dass ich mich richtig entscheide. Dieser neue Rahmen ändert den Ärger des Klienten und gibt ihm einen neuen Blick auf die Situation.

Das soll Sie Ihre Mitarbeitende oder Klienten anregen, eigene Attributionen infrage zu stellen und für einzelne Situationen einen neuen Rahmen zu finden. In Bezug auf Glaubenssätze kann ein neuer Rahmen dabei helfen, mehr Entscheidungsfreiheit zu erlangen und Alternativen auszuprobieren, das eigene Verhalten zu bewerten und zu erklären. Das Ziel eines neuen Rahmens ist nicht, vom Pessimisten zum Optimisten zu werden oder die Welt trotz besseren Wissens durch eine rosarote Brille zu sehen. Es geht darum, den Klienten mehr Handlungsoptionen zu eröffnen, in dem Sie gezielt nachfragen und die Suche nach einem neuen Rahmen anregen. Mit der Frage „Was tut ihnen dieser Glaubenssatz Gutes" (neue Bedeutung) oder „In welchen Situationen ist der Glaubenssatz hilfreich" (neuer Kontext) ändern Sie mental die Unterscheidung des Klienten zwischen „richtig und falsch". Statt sich mit der Frage zu beschäftigen, ob ein bestimmter Glaubenssatz gut oder schlecht ist, stellen Sie die Frage, ob ein Glaubenssatz in einer bestimmten Situation hilfreich ist oder nicht, und welche alternative Bedeutung er haben könnte. Letztlich geht es immer um die Frage, ob ein bestimmtes Verhalten in einer bestimmten Situation zu dem Ziel führt, das der Klient beabsichtigt.

Das können Sie aus diesem essentials mitnehmen

- Hinderliche Glaubenssätze können die Ursache für Leistungsblockaden sein.
- Rollenerwartungen und die damit verbundenen Glaubenssätze beeinflussen Verhalten, Denken und Empfinden.
- Sprachliche Formulierungen z. B. Verallgemeinerungen oder Verzerrungen sind Hinweise auf Glaubenssätze. Eine hilfreiche Kommunikationsstrategie zum Umgang mit Glaubenssätze ist das Reframing.
- Hinderliche Glaubenssätze lassen sich durch geeignete Coaching-Tools verändern. Dabei werden neue förderliche Glaubenssätze gesucht, die hinderliche Glaubenssätze ersetzen.
- Mit systemischen Fragen können Sie Glaubenssätze hinterfragen, und Ihre Klienten oder Mitarbeitenden anregen, förderliche Glaubenssätze zu entwickeln.

© Springer Fachmedien Wiesbaden 2016
J. Moskaliuk, *Leistungsblockaden verstehen und verändern*, essentials,
DOI 10.1007/978-3-658-13405-1

Quellen

Festinger L, Riecken HW, Schachter S (1956) When prophecy fails: a social and psychological study of a modern group that predicted the destruction of the world. University of Minnesota Press, Minneapolis

Patrzek A (2015) Systemisches Fragen: Professionelle Fragetechnik für Führungskräfte, Berater und Coaches. Springer, Heidelberg

Rosenthal R, Jacobson L (1966) Teachers' expectancies: determinants of pupils' IQ gains. Psychol Rep 19:115–118

Selvini P, Boscolo L, Cecchin G, Prata G (1981) Hypothetisieren – Zirkularität – Neutralität: Drei Richtlinien für den Leiter der Sitzung. Familiendynamik 6(2):123–139

Weiterführende Literatur

Chomsky N, Ronat M (2011) On language: Chomsky's classic works language and responsibility and reflections on language in one volume. The New Press, New York

Dilts RB, Hallbom T, Smith S (1991) Identität, Glaubenssysteme und Gesundheit: höhere Ebenen der NLP-Veränderungsarbeit. Junfermann, Paderborn

Hedlund S (2011) Mit Stift und Stuhl. Springer, Heidelberg

Prior M (2002) MiniMax-Interventionen. Carl-Auer-Systeme, Heidelberg

© Springer Fachmedien Wiesbaden 2016

J. Moskaliuk, *Leistungsblockaden verstehen und verändern*, essentials,

DOI 10.1007/978-3-658-13405-1